外国人眼中的中国

70年的70个关键词

70 Keywords for 70 Years

（1949—2019）

《70年的70个关键词》项目组 编

北京语言大学出版社
BEIJING LANGUAGE AND CULTURE UNIVERSITY PRESS

图书在版编目（CIP）数据

70年的70个关键词 /《70年的70个关键词》项目组编. -- 北京 : 北京语言大学出版社，2019.12
ISBN 978-7-5619-5580-2

Ⅰ. ①7… Ⅱ. ①7… Ⅲ. ①社会主义建设成就－中国 Ⅳ. ①D619

中国版本图书馆 CIP 数据核字（2019）第 262380 号

70年的70个关键词

70 NIAN DE 70 GE GUANJIANCI

责任编辑：周 鹂 张天航
责任印制：武晓东
封面设计：奇文云海 · 设计顾问
排版制作：闫海涛
部分图片来源：视觉中国 全景 微图

出版发行：北京语言大学出版社
社 址：北京市海淀区学院路 15 号，100083
网 址：www.blcup.com
电子信箱：service@blcup.com
电 话：编 辑 部 8610-82303670/0116
国内发行 8610-82303650/3591/3648
海外发行 8610-82303365/3080/3668
北语书店 8610-82303653
网购咨询 8610-82303908
印 刷：北京博海升彩色印刷有限公司

版 次：2019 年 12 月第 1 版　印 次：2019 年 12 月第 1 次印刷
开 本：889 毫米 × 1194 毫米 1/32　印 张：5.5
字 数：131 千字
定 价：58.00 元

PRINTED IN CHINA

70 年的 70 个关键词

主　编：周　鹂

编　者：付彦白

郑　炜

张天航

王雪飞

徐　梦

目 录

十九大

Ines Barkana [Tunisia]

伊奈斯 [突尼斯]

中国共产党第十九次全国代表大会的成功召开引起了全世界的关注。它分析了中国和国际形势，指出中国特色社会主义进入了新时代。会议还做出了很多重要的判断，选举了新一届中共中央领导人，并制定了新的政策和战略部署。十九大对中国和国际社会来说都是一次非常重要的会议，对于实现中国人民与世界各国人民共同发展的美好梦想具有重要意义。

作为记者，我参与了会前、会中和会后的报道，亲眼看到了许多领导人都在辛苦工作，接触到了中国式的智慧，从中明白了中国快速发展的原因。

1. 2017 年 10 月 18 日，中共十九大在人民大会堂开幕
2. 十九大报告成了各大书店的畅销书
3. 贵州农民在院子里通过读报的方式了解十九大相关新闻

Rizal Chandra [Indonesia]

张德贵［印度尼西亚］

记得2017年中共十九大召开的那天，我在北京语言大学的宿舍里看大会直播。我认为这是一次非常重要的大会，因为这次大会将选举产生新的中共中央领导人，并且会规划中国未来的发展。当得知习近平再次当选总书记时，我的内心非常激动，我相信全球华人都是如此。

十九大报告指出，中国要坚持走和平发展道路，推动构建人类命运共同体。中国是热爱和平的国家，现在在世界舞台上扮演着越来越重要的角色。作为印尼的第三代华人，看到自己的祖籍国发展得如此之好，我感到非常欣慰。“‘娘家’富起来、强起来，进入了一个新时代，海外华侨华人的头抬得更高了，腰杆也挺得更直了。”印尼一位商界人士在接受记者专访时的话语说出了很多人的心声。

中国和印尼都是亚洲的大国，我希望自己以后能成为两国人民之间交流的桥梁，让更多的中国人了解我的国家印尼，也让更多的印尼人了解我的祖籍国中国。

中国梦

Timothy Light [America]

黎天睦 [美国]

我个人的中国梦是花一年的时间在中国教书，并努力提高我的中文水平。1983 年，我有机会在北京语言大学（当时叫北京语言学院）用中文教授一门课程。在很多人的帮助下，我终于实现了自己的中国梦。我的学生们语言能力都很出色，我比较差，但他们对我却非常宽容。这些年来，我与北语各位老师一直保持着长久的友谊。随着年龄的增长和岁月的流逝，这些回忆越发显得珍贵了。

北京语言大学是我在中国的“家”。我希望这所很棒的大学今后能取得更大的发展，希望北语的毕业生能在各自的工作岗位上做出出色的成绩，也希望北语的校园越来越漂亮。这就是我的北语梦吧！我还记得上世纪 70 年代北语的样子。2012 年，我有幸在北京见证了北语 50 周年校庆的辉煌时刻。那是一次非常成功的庆祝活动，当亲眼看到梦想实现时，我的内心充满了温暖。

Ines Barkana [Tunisia]

伊奈斯 [突尼斯]

中国梦不仅仅是中国的，也与全人类共同追求的目标息息相关。中国正通过参与全球化来实现这一梦想。中国已经参与创立了亚洲基础设施投资银行和金砖国家新开发银行等机构，并积极主动参与和推动经济全球化进程，以及全球应对气候变化的行动。

建设一个繁荣祥和的国家和一个幸福稳定的社会不仅是中国人的梦想，也是世界人民的共同愿望。

Anna Kijaniza [Germany]

安娜 [德国]

我是德国人，德国人没有什么特别的“德国梦”，我们的梦通常是关于个人的。也许因为这个原因，我对“中国梦”充满了好奇。

“中国梦”这个词，我走到哪里都能遇到。自 2013 年以来，“中国梦”出现在众多的街头海报中，路过的人都能看到。同时，“中国梦”还通过中文图书让国际学生有所了解，并经常伴随着热点新闻的标题出现。

那到底什么是“中国梦”呢？是像“美国梦”那样，让你一夜之间从洗碗工变成百万富翁吗？在某种程度上，这可以说是给了每个普通人一个平等的机会。但“中国梦”需要集体努力：只要一起努力，每个人都能取得很多成就！而且，“中国梦”不仅是为了个人，而是为了更大的目标，是为了自己所生活国家的繁荣、民族的强盛和世界的和平而共同努力。强大繁荣的中国是和平共处的多元化世界共同体的组成部分。我个人很乐意接受这种说法。幸运的是，“中国梦”不仅适用于中国公民，也适用于所有人，包括我自己。

北京西单商业区的中国梦宣传画

一带一路

Manuel Maria Martins Lopes [Portugal]
马努埃尔·洛佩斯［葡萄牙］

2019 年是葡萄牙和中国建交 40 周年，也是澳门回归中国 20 周年。在“一带一路”倡议下，葡中两国于去年 12 月签署了新的伙伴关系文件，标志着两国关系进入了新的阶段。

葡中两国都很认同过去 40 年的合作，并充分认识到新阶段带来的新机遇和新责任。中国有一句老话：“志合者，不以山海为远。”葡中两国都由此得到启发，参与到多方面的双边合作中。

500 年前，葡萄牙水手乘船抵达中国。如今，在“一带一路”倡议下，葡萄牙也应该接待好绕过好望角到达葡萄牙锡尼什港的中国水手，以及乘坐火车到达里斯本东方火车站的中国客人。

Betül Akçakaya [Turkey]

柏图尔［土耳其］

土耳其横跨欧亚大陆，在亚欧丝绸之路上占据着极为重要的地理位置。近些年来，中国参与了土耳其的铁路建设，并提供了机车及车厢。伊兹密尔是土耳其第三大城市，拥有发达的港口和铁路网络，是“一带一路”建设在土耳其的重要交会点。中国中车株洲电力机车有限公司为伊兹密尔量身设计并制造了铁路列车。

作为曾在中国待过一段时间的伊兹密尔人，我曾有幸参观了中车株洲电力机车有限公司。第一次走进这家工厂时，我就为中国的铁路系统所折服。工厂里的机械手自动化程度非常高，整体操作也非常精确。中国铁路人努力而又真诚，工作质量及完成度都很高。在工厂实地参观以后，我觉得我们完全可以信任他们的工作。希望我们国家的铁路今后也能像中国一样发达。

2019 年 3 月，四川省达州市，铁路工人在进行“渝新欧”国际铁路的养路作业

Gulshan Sadullaeva [Uzbekistan]

爱华［乌兹别克斯坦］

“一带一路”是一个具有历史意义的倡议。对于中亚国家来说，这个倡议为发展区域经济合作、进行文化交流提供了良好的契机。也就是说，这个倡议不仅对中国有益，而且对所有参与国都有好处。

在乌兹别克斯坦建设的安格连-帕普单线电气化铁路是“一带一路”倡议下乌中互利合作最有代表性的例子之一。安格连-帕普铁路是乌兹别克斯坦铁路基础设施发展的重大成果，将使乌兹别克斯坦成为连接中国、中亚和欧洲的坚固桥梁。

Merna Ghassan Abdel Rahman [Lebanon]

米娜［黎巴嫩］

阿拉伯世界共有 22 个国家和地区，是“一带一路”沿线非常重要的组成部分。古时候，丝绸之路是中国与中亚、印度进行丝绸贸易的重要交通通道。从古至今，中国与阿拉伯世界的经贸往来一直很频繁，促进了这里文化与经济的发展。2013 年，习近平主席提出了“一带一路”倡议，阿拉伯国家积极响应，特别是海湾国家。近年来，中国与这些国家和地区已经合作建设了很多项目，如铁路、桥梁等。

我很赞同习主席提出的“一带一路”倡议，因为这给阿拉伯国家和地区的发展带来了很多机遇。

1. 中国援建的巴基斯坦瓜达尔港

2. 2017 年 5 月，北京街头挂满了迎接“一带一路”高峰论坛的条幅

人类命运共同体

Phu Pwint Ko Ko [Myanmar]
张梅芳［缅甸］

互联网把各国空前紧密地连在了一起。信息社会的发展使得“地球村”越来越小，变成了“天下一家”。气候变化、环境污染、经济竞争等等也都成为全球性的问题。因此中国政府强调“构建人类命运共同体，实现共赢共享”的新理念。习近平主席提出：“要坚持环境友好，合作应对气候变化，保护好人类赖以生存的地球家园。”而且中国“一带一路”倡议的原则也是“共商共建共享”，以开放包容为特征，以互利共赢为追求，希望全世界一起发展。我认为，中国的倡议指明了世界和平、安全的方向。

我期待人类美好的未来，希望世界永远和平。祝愿中国发展强大，也祝愿自己的祖国更加繁荣。

1. 博鳌亚洲论坛 2015 年年会主题为“亚洲新未来：迈向命运共同体”

Ines Barkana [Tunisia]

伊奈斯 [突尼斯]

当今世界，经济竞争和贸易保护主义、局地冲突乃至战争仍普遍存在。在这种背景下，中国提出了一种新的合作愿景：和平，而不是战争；合作共享，而不是争夺资源。这种愿景体现在“人类命运共同体”这一理念中。所谓“人类命运共同体”，是指全世界是以合作、和平和共同繁荣为基础的一个家庭和社会。中国是一个热爱和平的国家，信奉“和而不同”“以和为贵”。“人类命运共同体”也是中国“和”文化的体现。我很欣赏习近平主席 2017 年 1 月在联合国日内瓦总部发表的演讲，他说：“几千年来，和平融入了中华民族的血脉中，刻进了中国人民的基因里。”“人类命运共同体”的理念为世界秩序注入了新的动力。推动构建“人类命运共同体”是中国特色大国外交的精髓，指明了国际关系未来发展的方向。

“世界好，中国才能好；中国好，世界才更好。”对这句话，我举双手赞成。

Ⅲ

2. 寓意中国同世界各国合作共赢、携手构建更加紧密的人类命运共同体的花坛

两会

Rizal Chandra [Indonesia]
张德贵 [印度尼西亚]

中国的全国两会是指全国人大和全国政协每年春天在北京召开的两个重要会议，现在全世界都很关注两会。两会讨论包括外交政策、环境保护、反腐、扶贫、外商投资等在内的很多问题。2019 年两会的一个重要议题是深化改革。中国正不断提高国内人民的生活质量，如提升医疗水平、提高教育质量、保障食品安全等。同时，中国早已向世界打开了大门，而且我认为中国的开放程度还会越来越高。

作为一名学习汉语的印尼留学生，我希望以后越来越多的印尼人能够学习汉语、说好汉语，通过汉语促进两国人民之间的交流。印尼是"一带一路"沿线国家之一，我相信印尼和中国的交流会越来越多，友谊也会越来越深厚！

1

Park Hyangsook [South Korea]

朴香淑［韩国］

我以前不太了解“两会”是什么，只在学校的“中国概况”课上学过。我本来不太喜欢谈政治，也对政治不感兴趣，不过，2019 年两会的内容给我留下了很深的印象。两会上谈到的民生八大工程，在很多方面都是为人民着想的。

民生八大工程中的第五项是“住房保障工程”。虽然我是外国人，但我还是为中国能制定这个方案而开心。希望通过这个方案，老百姓都能够住上又便宜又舒适的房子，能够稳定地生活。

我觉得这次两会以后，中国肯定会有更大的发展，我希望所有人都可以摆脱贫困，过上幸福的生活。

我很期待两会方案得到全面落实。

1. 每年的两会都在北京人民大会堂召开
2. 2019 年 3 月 9 日，十三届全国人大二次会议新闻中心举行记者会
3. 2019 年 3 月 3 日，全国政协委员、中国篮协主席姚明参加两会

改革开放

Ines Barkana [Tunisia]

伊奈斯 [突尼斯]

在国内读本科的时候，我的中国老师讲到了改革开放。他说："这是中国领导人最英明的决定。"当时我还没来中国，所以并没有理解他的意思。等到毕业以后来到中国，和中国人聊天儿，讨论过去和现在的生活变化，我才明白了中国老师的那句话。确实，要是没有改革开放，就不会有现在这样一个繁荣的、充满活力的中国。

在过去的 40 多年里，中国实现了跨越式发展。在短短几十年间取得如此辉煌的成就，根本原因就在于，中国通过改革开放的实践，找到了适合本国国情的发展道路。我想，中国未来的高质量发展只有坚持这一政策才能实现。

Finn Bader [Germany]

费林 [德国]

过去几十年中国的发展非常成功。这绝非偶然，因为中国政府采取了有效的经济改革措施，并对全球开放市场，所以实现了快速发展。

中国政府逐步推行改革，引入市场机制。例如，取消对私营企业的限制，让他们能够与外国公司开展业务，并为了再投资而保留部分利润。再如，逐渐放松对货物流通的控制，使国外投资合法化。

于是，中国发挥出了巨大的潜力，经济繁荣发展，生产力稳定，整体经济效率大幅提升，有一段时间 GDP 增长率超过了 10%；对外贸易增加，人民工资增长。此外，资本流动的增加既使外国投资进入中国，也让中国投资者进入了全球市场，享受到了更多有吸引力的投资机会，实现了中国与世界的共赢。

Ramziya Fazdalova [Russia]
费兰花 [俄罗斯]

如今，中国受到全世界的瞩目，这在很大程度上得益于中国 1978 年开始实行的改革开放政策。这一政策对人们的思维方式和生活方式都产生了重大影响。

2010 年第一次来到中国时，我注意到，不管是像上海这样的大城市，还是像桂林这样的小城市，人们显然都有创业技能，也都希望创办新业务、出口商品、与外国人交流。那时我常常问自己："中国人是从什么时候开始如此渴望自己创业并且如此有经济头脑的呢？"经过一番访谈、观察和研究，我发现所有这些都是改革开放的结果。改革开放的起点是广东深圳，作为改革开放的先锋，深圳在不到 40 年的时间内，就从原本的小渔村变成了世界信息技术、国际商业和贸易的中心之一。改革开放影响了整个中国。如今我们可以感受到，中国正在从工业国家转型为高科技国家，经济更加数字化，政策更加透明化。特别值得一提的还有人工智能研究和太空计划。在改革开放的影响下，中国在很多方面走在了世界前列。

1. 2018 年中国国家博物馆举办庆祝改革开放 40 周年大型展览
2. 2015 年的深圳

两岸关系

Helen Xiaoyan Wu [Canada]
吴小燕 [加拿大]

两岸关系是关系到中华民族统一的国家大事，也涉及千家万户的利益，甚至跨越几代人。70 年来，两岸有过多次的政党交流。两岸关系当然也影响到广大民众。谈谈我本人的经历吧！我想，影响到我家几代人的事情也是当今两岸现状的一个小缩影，每一个家庭的故事都表明了两岸和平统一的必要性。

我有一个舅舅是公务员，1949 年去了台湾。他以为自己很快就会回到上海老家，可是直到 1987 年，他才有机会回上海探亲，但是他再也没能见到自己的妈妈，也就是我的外婆。1982 年，我外婆就卧床不起，去世前还喃喃念叨着儿子的名字。

很久以前，我妈曾和另一个男人订过婚，可是那人跟他全家在 1949 年去了台湾。我妈和她未婚夫从此天各一方，于是他们各自在上个世纪 50 年代中期和别人结了婚。本世纪初，我父母和我妈曾经的未婚夫在上海会面，三位老人撇开各自的婚姻不说，只愿在有生之年看到中国的和平统一，这应当是两岸的头等大事。

1997 年以来，我自己去过台湾五次，走遍了台北、台中、台南、台东，以及其他很多市县和乡村。还记得第一次去台北开会，临行前奶奶要我联系她的姐姐。那时候我奶奶已经打听到了她姐姐的一点儿消息，但是不知什么缘故，只和姐姐的儿子有过少量接触，还没有联系到姐姐本人。我一到台北就按照电话号码打过去，不料接电话的人却是房客，我请她把房东的电话号码给我，她不肯。我说我大老远从加拿大来，请她帮忙联系我奶奶的姐姐家的任何人，可还是不成。后来我听说这个房客是所谓的台湾本省人，不喜欢“外省人”，尽管我奶奶的姐姐全家已经在台湾生活快 40 年了。我奶奶姐妹俩都活到 90 岁左右，可是在将近半个世纪的时间里，她们两人都不能重逢，真是人间悲剧啊！

其实有个问题一直在我心头萦绕，那就是两岸人民为什么要饱受分离的痛苦？这是为什么？兄弟姐妹或许会争吵，不过还是一家人啊！两岸终究是一家亲嘛！希望能早日看到两岸和平统一。

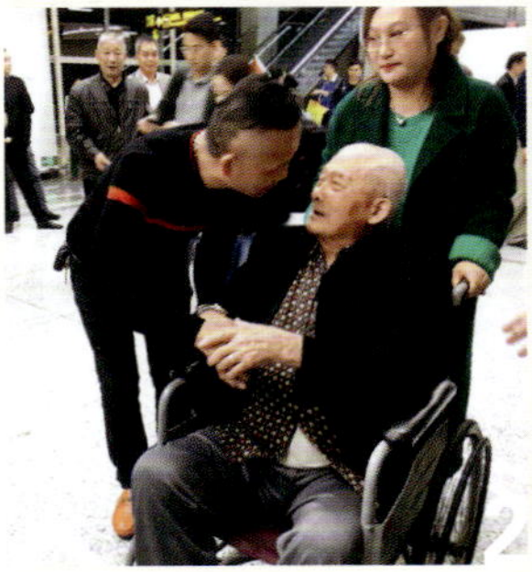

1. 台北地标 101 大楼与灯火辉煌的台北城交相辉映
2. 2018 年，江西籍 99 岁赴台老兵回到家乡，与分别多年的亲人团聚
3. 2010 年 6 月 16 日，台湾著名诗人余光中参加在湖北秭归举行的屈原纪念活动

香港回归/澳门回归

Helen Xiaoyan Wu [Canada]
吴小燕［加拿大］

1997 年 7 月 1 日，香港回归中国；1999 年 12 月 20 日，澳门回归中国。这是中国历史上激动人心的时刻！在“一国两制”框架下设立两个特别行政区，具有开创性的意义。

我先生是上个世纪 60 年代初从香港来到加拿大的。就在香港回归前夕，他因公出差去国外。他让我把电视上回归交接仪式的分分秒秒都录制下来，以便可以在回家后回看整个直播，而不仅仅是在世界其他地方看剪辑的片段。作为前香港居民，他为中国能够恢复对香港行使主权而感到无比自豪。

20 世纪八九十年代曾经有一股移民加拿大的热潮。很多来自香港和澳门的人移民到温哥华和多伦多，其中也包括我先生的兄弟姐妹和他们的家人。但是

1. 1997 年 7 月 1 日零点整，香港回归中国

在多伦多生活了十年后，他们十几个人对未来感到迷茫了，虽然他们的孩子都在加拿大的学校读书，他们老老小小也都成了加拿大公民。于是从 1997 年开始，他们接二连三地回到香港，找回以前的工作，而这样的工作他们在加拿大是找不到的，比如执业医师。

1997 年以来，我所在的多伦多大学在香港大学开设了暑期班，每年都会吸引一两百名学生。我们把这些学生送往香港大学学习四周，其间还安排他们前往中国内地旅行，让他们有机会亲眼目睹“一国两制”的成果和粤港澳大湾区的整合。新近开通的港珠澳大桥确确实实使这三地联系更加紧密了。

我最近一次访问香港和澳门是在 2018 年 6 月，当时是去参加在澳门大学举办的一个会议。澳门大学新校区的会场实际上位于横琴岛，属于珠海。澳门面积狭小，原先根本没人想到这里会有如此崭新而美丽的教育基地。

香港和澳门回归后的繁荣发展是大家有目共睹的，我也希望自己以后常有机会再去看看。

2. 1999 年 12 月 20 日零点整，澳门回归中国

国际维和

Rizal Chandra [Indonesia]
张德贵［印度尼西亚］

中国是个热爱和平的国家。从 1990 年开始，中国每年向联合国派遣军事观察员执行维和任务。他们的主要任务包括提供人道主义援助、医疗服务、扫雷等。在这二十多年里，他们出色地完成了很多任务，展现出了中国军人的风采。中国维和部队还会给当地孩子带一些中国的小礼物，还教他们写书法，给他们带来了快乐和温暖，因此当地小孩儿也都很喜欢他们。

我很喜欢维和部队，我觉得那身军服和蓝帽子看起来特别帅。印尼也向联合国派遣维和部队，我高中时经常关注他们的新闻。我很尊敬他们，他们为国际社会付出了很多。我还喜欢看相关的电影和电视剧，比如《中国维和警察》。这部电视剧的很多场景都让我激动得热血沸腾，也有很多情节让我感动得热泪盈眶。我要向所有维和部队官兵致敬！

1. 2010 年，联合国在上海向中国维和警察授予维和勋章

Helen Xiaoyan Wu [Canada]
吴小燕［加拿大］

1956 年 10 月，苏伊士运河危机（即第二次中东战争）爆发，其间根据加拿大的提议开展了首次大规模的联合国维和行动。当时的加拿大外长，也就是后来的总理莱斯特·皮尔逊（1897—1972）因为成功化解了苏伊士运河危机，于 1957 年获得了诺贝尔和平奖。加拿大曾经是 20 世纪 90 年代维和行动的最大贡献者，有数千个“蓝盔”部署在世界各地。但时过境迁，目前还在工作的加拿大维和人员仅有数十人。

中国从 1990 年开始参加联合国维和行动，从最初的观察员变成了现在的中坚力量。2019 年，中国仍有 2500 多名军警人员（包含 70 多名女性）在联合国驻黎巴嫩、马里和南苏丹等 8 个维和特派团执行任务。他们的工作包括清除地雷、医疗服务、工程修筑、交通运输、治安防卫等。

参加联合国维和行动 28 年来，中国军队已经失去了多名维和军人。这些烈士，有的在执行任务时不幸牺牲，有的在空袭中遇难，有的在任务区染病去世……他们以自己的生命为代价，为饱受战火蹂躏的维和任务区民众撑起了一片和平的蓝天。

2

3

2. 中国赴利比里亚维和医疗分队启程，每个人身上都披着“维和光荣”的绶带
3. 郑州机场，第九批赴南苏丹（瓦乌）的维和部队出征

反腐

Ines Barkana [Tunisia]

伊奈斯［突尼斯］

反腐不仅是中国的问题，也是世界的问题。世界各国都在寻找方法，希望从根本上解决这个大问题。中国对反腐非常坚决，这种绝不容忍的决心和态度非常重要。我觉得中国在这一点上为全世界树立了一个良好的榜样。另外，中国的反腐行动不仅是在解决自己国家的难题，同时也是在解决一个全球性问题。反腐是一项艰巨的任务，中国长期以来坚持反腐，阻止了腐败的滋生蔓延，为全世界树立了榜样。我们应该向中国学习，“老虎”“苍蝇”一起打，一个都不放过。

Nguyen Quang Vu [Vietnam]
阮光武［越南］

2012 年 8 月 26 日，陕西发生了一起非常惨烈的车祸，有 36 人遇难。可是在事故现场，一个背着双手、挺着肚子的官员却在呵呵傻笑。记者拍下的这张照片发布到微博后一下子火了，网友们对这个冷漠的官员非常不满，纷纷搜索他的相关信息。结果，万能的网友发现，他在不同场合分别戴着好几块价值几万元的高级手表。于是，一个受贿的局长被抓到了。“手表门”可以说是中国网络时代“全民反腐”“网络反腐”的经典案例。

1. 市民在观看反腐倡廉成果展览
2. 中国各级检察院下都设有反贪污贿赂局
3. 书店销售的反腐倡廉图书

高铁

Gregory Veeck [America]

魏克恭［美国］

1986 年，我和妻子来到南京生活。6 个月后，我们打算去哈尔滨过农历新年，顺便看看冰灯。我们等了好几天才买到火车票，然后又在火车上坐了三天两夜才到达哈尔滨。

现在，中国大力发展高铁，乘坐从南京南站出发的 G1204 次高铁到哈尔滨西站（全程 2127 公里 /1322 英里），只需要 10 小时 33 分钟。中国前所未有地致力于建设世界上最密集的高速铁路系统，为其他大国树立了榜样。比如，现在从北京到天津坐高铁只需要 30 分钟，时速 350 公里（217 英里），每 15 分钟一趟，非常方便。我很高兴现在能坐高铁在中国旅行。

Merna Ghassan Abdel Rahman [Lebanon]

米娜［黎巴嫩］

中国的高铁是目前世界上速度最快、性能最先进、运行最安全的铁路之一。在中国坐高铁的时候，我们可以体验到先进舒适的设施和一流的服务。以往进出站的时候需要检票，现在只要刷脸就可以了，节省了大量的人力成本和时间。

我很喜欢坐高铁，因为在车上可以欣赏窗外美丽的风景。2018 年又新开通了北京至香港的高铁，我想，下个假期我就可以坐高铁去香港玩儿啦！

Evan Bowers [America]

埃文·鲍尔斯［美国］

我是美国人，因为工作的原因经常需要出差。无论是欧洲还是亚洲，世界各地优质的火车服务总是令我惊讶。

目前世界上共有 16 个国家有高速铁路系统。在高铁系统的发展中，最令人印象深刻的应该是中国。中国高铁的最高时速可达 350 公里。大量铁路连接着中国的众多城市，其中最繁忙的是北京和上海之间的线路。过去往来这两个城市需要花 15 个小时，非常不方便，但是现在乘坐高铁从北京到上海只需要四个半小时左右。

虽然高铁票价比普通火车票贵，但是一般情况下都比飞机票便宜。我觉得高铁座位更宽，窗户更大，设施更干净，更符合现代标准。高铁购票也很简单。如果是较短的路线，你还可以购买城市通票，进站检票既快速又方便。美国也是一个出行距离特别长的国家，希望我们国家什么时候也能学学中国的高铁系统。

Nguyen Quang Vu [Vietnam]

阮光武［越南］

2007 年 2 月，春节黄金周来临的前几天，当我听到“只有站票”的那一刻，我只能安慰自己：“别怕，你很‘幸运’，第一年来中国留学就能体验到世界上规模最大的‘人口迁移’了。”果然，那次是我这一生中过得最慢的 16 个小时——长沙到南宁的路好远啊……

2017 年夏天，我从北京到武汉。坐在豪华的和谐号一等座上，我又想起了当年在中国的第一次旅程，只是这次，同样的 1000 多公里只需要 5 个小时，我感觉自己节省了 11 个小时的生命。原来，距离也可以用时间来缩短，而高科技是人类用来征服时空的工具。

Tan Li Yu [Malaysia]

陈立瑜［马来西亚］

在中国旅行，我一般会乘坐高铁或飞机。如果问我这两者更喜欢哪种，我无疑会选择高铁。

我第一次坐高铁是 2013 年夏天，从北京坐到广州，历时 8 小时。这趟旅程与我之前坐火车硬座的经历相比，真是天差地别。最明显的区别在于高铁车厢环境整洁干净，列车员每隔一段时间就会清理车厢并且喷洒空气清新剂。此外，高铁的速度快多了，从北京到广州，普通火车得 22 个小时左右才能到达，而高铁仅需 8 小时。虽然高铁票价比普通火车要贵不少，但比起价格差不多或更贵一些的飞机，高铁行驶更加平稳安全；而且高铁站的位置靠近市区，出站后搭乘地铁很快便能到达目的地，可以省下不少市内交通的时间。我觉得，高铁简直是中国一项伟大的便民福利！

Danny A. Espinoza [Ecuador]

阿贝托 [厄瓜多尔]

如果你想快速、安全、舒适地在中国境内旅行，你的选择不应仅限于飞机，高铁也可以给你带来很棒的体验。买高铁票十分方便，你可以通过手机上的应用程序当天或者提前购买车票。考虑到到达目的地所花的时间，高铁的票价也很合理，而且即使在出行旺季，价格也维持不变。你也不用担心天气状况不好，因为即使阴天下雨，高铁依然能够准时到达。中国高铁采用了先进的技术系统，能够让你在旅途中感到放松和安全。对于我和家人来说，乘坐中国高铁是一种非常愉快的体验。

Nechyparuk Darya [Belarus]

达莎 [白俄罗斯]

高铁生动地证明了中国的高速发展。我几乎每周都会因为不同的原因去其他城市，而高铁成了我的唯一选择，因为它速度快，给我节省了很多时间。高铁时速约为 250—380 公里，几乎达到了飞机时速的一半，所以我可以在很短的时间内到达距离北京很远的地方。虽然北京和天津之间的距离约为 130 公里，但是从北京坐高铁到天津只需要 30 分钟。除了速度快以外，高铁在很多方面都有很大的进步，与 2003 年首次来中国时乘坐的绿皮火车相比，高铁更加方便、舒适、快捷、安全、宽敞。

行进中的中国高铁“和谐号”，现在最高时速可达 380 公里

中国制造/中国创造

Aw Yong Nga Lean [Malaysia]
欧阳靓凌［马来西亚］

我相信现在仍然有人对“中国制造”的产品存有许多偏见，只要有“中国制造”的标志，就会质疑产品的可靠性，我曾经也是这样。但是，自从我在中国生活了一段时间，慢慢接触和使用了一些中国产品之后，我的想法就渐渐改变了。我觉得自己过去的想法太刻板主观了，其实只要愿意尝试和了解，总能发现中国制造的好产品。现在，我平时使用的日用品、护肤品（相宜本草）和电子产品（联想）大部分都是中国品牌、中国制造的，产品质量和使用效果都很好。老实说，我已经是它们 10 年的忠实粉丝了，已经离不开这些产品了。我还将这些产品介绍给了身边的朋友和家人，他们也很喜欢。此外，我还体验了中国的网购。手机的快捷支付给生活带来了许多便利，这些都令我太震撼了！要是你还不能完全相信我说的话，那就到中国亲自体验一下吧！

1

Anna Kijaniza [Germany]

安娜［德国］

我是 90 后，大概是最后一批没有被贴上过“中国制造”标签的人。因为在上个世纪 90 年代，我们德国从中国进口的东西很少，那时的中国对欧洲人来说还太遥远，太不知名。

但是到了 21 世纪，情况完全改变了。随着数字技术的发展，中国与欧盟交流的机会越来越多，交通基础设施也越来越完善。现在我的很多朋友都在使用中国制造的手机，或者穿中国生产的 H&M 和 Zara 品牌的 T 恤。我自己日常使用的绝大多数东西也都是中国生产的。我们对中国是世界工厂这一点已经习以为常。

多年来，“中国制造”经历了许多变化，不仅数量大幅度增长，质量也逐步提高。此外，一些“中国制造”已经发展为“中国创造”，其产品已经成为世界市场的先行者，比如华为、大疆、联想等，这些公司以其卓越的品质、效率和创新闻名于世。

2

3

1. 2019 年 3 月的一个展会上，参会者与华为自主研发的机器人进行互动
2. 从“中国制造”到“中国创造”的代表——华为技术有限公司
3. 在第七届中国广州国际轨道交通产业展览会上，同方威视技术股份有限公司展示最新的高科技安检设备

BAT（百度、阿里、腾讯）

Noman Ahmed [Pakistan]
努曼［巴基斯坦］

如果说谷歌发明了安卓系统，苹果发明了智能手机，那么中国的百度、阿里和腾讯等科技巨头则把这些产品的潜力发挥到了极致。我是一个科技发烧友，每当看到人们能够以实惠的价格获得最新技术的服务时，我总是非常兴奋。足不出户，你就可以订购食物、购买机票。由这些公司塑造的中国互联网是一个有待人们发现的全新世界。虽然使用这些公司提供的服务需要一些中文知识，但是一旦使用过，你就再也不想回到常规又无聊的互联网了。在线支付应用程序（支付宝、微信支付）、社交媒体应用程序（微博）以及其他应用程序（如地图、搜索引擎、云驱动等）都有独特的用户界面，还有很多巧妙的设计，如微信的朋友圈、支付宝的生活缴费等。这些程序背后的技术和公司都值得称赞。

Ines Barkana [Tunisia]
伊奈斯［突尼斯］

2004 年我刚来中国时，中国人和互联网的关系还没有现在这么紧密。那时候，互联网在中国的普及程度还赶不上我们国家。中国在互联网上起步虽然晚了点儿，可是后来居上，很快就有了很强大的互联网公司，尤其是百度、阿里和腾讯。在中国，谁不在用这三大公司旗下的产品？饿了就上“饿了么”叫外卖；想买衣服就上淘宝；烦了想聊天儿或出去玩儿想给朋友显摆显摆，就拍几张好看的照片发到微信朋友圈；想听音乐就更简单了，上 QQ 音乐就能听到世界各地的好音乐。

1. 2014 年 9 月 20 日，阿里巴巴集团在美国纽约证券交易所挂牌上市，当天市值便突破 2300 亿美元
2. 2018 年 11 月 1 日，在主题为“YES AI DO”的百度世界大会上，百度 CEO 李彦宏向大家介绍无人驾驶汽车
3. 2018 年 11 月 11 日，天猫当天成交额达到 2135 亿元人民币
4. 2019 年 3 月 21 日，在中国 IT 领袖峰会上，腾讯 CEO 马化腾发表题为“5G 与 AI”的讲话

港珠澳大桥

Su Myat Wai Zin [Myanmar]
苏春柳［缅甸］

我喜欢旅行，我的梦想是“先赚钱，再旅行！”研究生毕业以前，我最想去看的是港珠澳大桥。

我问过我的中文老师：“为什么这座桥这么伟大，这么了不起？”老师对我解释说：“这是人类建设史上迄今为止里程最长、投资最多、施工难度最大、设计使用寿命最长的跨海公路桥梁，为了实现抗风能力 16 级、抗震能力 8 级、使用寿命 120 年，设计施工团队创新研发了 31 项工法、31 套海洋装备、13 项软件、454 项专利。这座桥被誉为桥梁界的‘珠穆朗玛峰’。2015 年，英国《卫报》将它称为‘新世界七大奇迹之一’。”

听了老师的解释，我在心里暗暗惊叹：“怪不得港珠澳大桥是中国了不起的骄傲呢！这也正是我梦里的美景啊！”

1. 港珠澳大桥全景

Oleksandr Goncharenko [Ukraine]

功察连科・亚历山大［乌克兰］

2018 年 5 月我在广州学习期间，从深圳赴东莞，再赴珠海，并有幸参观了港珠澳大桥。听中国人介绍，这是一座跨海大桥，连接起了香港、珠海和澳门三座城市，大约有 55 公里长，花了 9 年才建造完成。我觉得港珠澳大桥包含了中国非常高超的工程技术在里面。桥上的车道很宽，指示标志也很清楚。开车通过港珠澳大桥，那种驾车飞跃大海的感觉一定非常爽。可惜那次出差，我没有机会亲自在大桥上开车，但我们拍了很多照片，大家都玩儿得非常高兴。我觉得，中国建造的港珠澳大桥真的很了不起。在这座大桥参观时所看到的一切都是我永远不能忘记的美丽风景。

2. 2017 年 12 月 29 日清晨，港珠澳大桥进行亮灯调试

3. 工人们正在港珠澳大桥上施工

经济特区

Oleksandr Goncharenko [Ukraine]

功察连科 · 亚历山大 [乌克兰]

2018 年 5 月，我在广州参加了中国文化和旅游部与暨南大学联合举办的青年汉学家研修计划。暨南大学的工作人员带我们去深圳博物馆参观，让我们了解深圳的发展历程，体会中国改革开放 40 年来的建设成就。后来，我们又从深圳到东莞虎门，在鸦片战争纪念馆了解鸦片战争的历史。最后来到珠海，参观了港珠澳大桥。这次学习和调研让我深刻地感受到：深圳、珠海这样的经济特区发展得真是太快了！短短几十年，深圳已经从一个小渔村变成了与北京、上海、广州并列的中国一线城市。经济特区不愧为中国改革的“试验田”和对外开放的窗口。

Anna Kijaniza [Germany]

安娜 [德国]

2015 年我参加了深圳的一门语言课程，那时我对这座城市还不太了解。对我来说，深圳只是众多摩天大楼林立、交通拥挤繁忙、人群熙熙攘攘的现代化大都市之一，与我老家柏林的商业区非常相似。

但到了深圳我才知道，40 年前，这里仅仅还是一个小渔村，只有几百人居住。我的一些 90 年代搬到深圳的朋友仍然记得当时的情况，如今大片的空地已经盖起了许多高楼大厦。他们告诉我，在 20 世纪 80 年代，深圳成为首批经济特区之一。设立经济特区是为了在沿海地区试验自由市场战略，看看它是否也能大规模运作。事实证明，这确实是迄今为止中国最成功的试验之一。仅仅几十年，深圳快速的经济增长就在全世界广为人知，备受推崇。中国也以深圳为起点，创办了 5 个经济特区和 14 个沿海开放城市。

这难道不是真正的中国奇迹吗?

1. 2008 年，海口市街头挂满了庆祝海南建省办经济特区 20 周年的条幅
2. 厦门经济特区大力建设“海边旅游风景带”
3. 2019 年的珠海经济特区
4. 位于深圳市荔枝公园广场的邓小平巨幅画像

移动支付

Ines Barkana [Tunisia]
伊奈斯［突尼斯］

我现在兜里一分钱都没有，钱包里也只有银行卡。我想大部分中国人也一样，靠手机吃喝玩乐。每次外出吃饭或与朋友一起购物时，我们通过扫描餐厅桌上的二维码或让店员扫描我们手机上的二维码来付费。不管到哪儿，只要保持手机有电有网就行了！每次有新朋友到中国来，我叫他办的第一件事就是开通支付宝和微信支付账户，因为没有这两个账户，你在中国简直“寸步难行”。我觉得现在这种付款方式很方便，也很安全，不必带很多钱出门，哪怕手机丢了，钱也不会丢。

Aurora Sánchez Valencia [Mexico]
奥罗拉［墨西哥］

移动支付指的是通过手机等便携式电子设备支付产品或服务的费用，也可用于给朋友或家人转账。这种付款方式遍布中国各地，小城镇也是如此。我到中国后发现，从大型连锁店到个体小商店都有自己用于移动支付的二维码。说实话，一开始我非常震惊，因为我们国家没有这种付款方式，即使去大商店也只能用现金或银行卡付款。

移动支付也十分安全，而且人们可以不用随身携带信用卡或现金，这也是包括我在内的许多消费者选择这种支付方式的原因。

Guganghui Zhuo [America]
卓光辉 [美国]

去中国旅行的前两天，我买了一个钱包当作给自己的礼物。但是谁能想到钱包在中国已经过时了呢？现在，中国的移动支付非常发达，日常很多商业交易都是通过移动支付进行的，购买商品和服务只需要一部手机就能完成。

毫无疑问，支付宝、微信支付和百度钱包等移动支付方式已经改变了中国消费者的行为模式，人们再也不用随身携带钱包和现金了。这种新的支付方式对收款方来说也有好处：不用再找零了，交易更加快捷、安全、透明。

1. 浙江省杭州市 506 路公交线路试点用支付宝乘车
2. 2014 年，支付宝推出满 100 减 50 的活动，很多市民都选择用支付宝扫码付款
3. 一位顾客在餐厅内体验支付宝的刷脸支付
4. 2018 年 5 月 18 日，阿里巴巴集团董事局主席马云在香港一家便利店用支付宝买报纸

约车软件

Youngho Yoo [South Korea]
刘永虎［韩国］

我来中国 8 年了，一开始住在深圳，3 年前来到北京。有一次我去重庆旅游，正好赶上小长假，人实在是太多了，回深圳的火车票根本就抢不到，无奈之下只能和朋友用“滴滴打车”。那是我第一次用这个软件，开始时有点儿疑虑：有谁愿意开车到深圳呢？后来才明白有顺风车，车主可以顺路捎上去同一个目的地的人，这样不仅车主可以与别人分摊成本，而且也方便了买不到票的人。

就这样，我和朋友坐上了开往深圳的顺风车，我俩拼车，每人花了 600 元，司机开了 27 个小时才到。虽然时间有点儿长，但是我们在车上聊得很愉快，一路上看到了很多漂亮的风景，也体验了中国的文化。从那以后，我就经常用滴滴打车约乘顺风车，真的超级方便。回韩国后，我发现国内还没有这样的约车软件，我觉得很遗憾。中国在交通方面真的很先进，值得韩国和其他国家学习。

希望中国的约车软件开发得越来越好，也希望滴滴的顺风车业务可以越来越完善，这样可以给更多的人带来方便。

1

2

Masayuki Inoue [Japan]

井上正顺［日本］

这几年，相信来中国留学的外国人都用过滴滴打车吧？我第一次到中国是2011年，那时还没有滴滴，你们知道当时我怎么打车吗？当然，直接站在街边打车也是可以的，但是有时要早晨或夜里去机场，就只能给出租车公司或之前认识的出租车司机打电话，让司机师傅在指定时间来接我。而现在想去哪里随时可以用手机叫车，也可以自己选择出租车、快车、专车等不同的类别。我喜欢选择快车，因为能够认识各种背景的司机师傅。在车上跟他们聊天儿，能了解到中国各行业的真实情况。而且很多师傅性格特别豪爽，让我真切体会到了中国人的热心肠。

3

1. 2017年6月16日，广州颁发首张网约车经营许可证
2. 一位北京市民正在使用滴滴打车
3. 位于北京市海淀区的滴滴出行总部大厦

网购

Gulshan Sadullaeva [Uzbekistan]
爱华 [乌兹别克斯坦]

我在乌兹别克斯坦从来没有试过网购，所以来中国后的半年内一直不敢体验，仍然保持老习惯，带着现金去逛街。逛一整天街还要讨价还价，很累。后来，我发现网购不像我想象的那么复杂，反而更方便，而且价格很便宜，还挺靠谱儿。在淘宝上买了几次东西后，天哪，我爱上它了！最让我满意的是网上各类商品应有尽有，而且快递也很“神速”，有时下了单，当天就能收到货。现在的我天天坐在沙发上“逛街”，真是太爽了！

Sarita Sukoltham [Thailand]
林恩琦 [泰国]

在中国断断续续学习生活了十几年，最让我感叹的是中国经济的发展，其中感受最深的便是网络购物。2011 年我第二次来到北京求学，那时第一次亲身体验到了网购给生活带来的便利。之后在北京的这几年，更是深深地感受到了中国网购的强大。居住在北京这样一个人口密集的大都市，与其到人流拥挤的商店里购物，不如在家里逛逛网上商城。淘宝、天猫、京东、当当、苏宁易购等多家网购平台任你挑选，商品更是琳琅满目、应有尽有。每逢“双十一”“双十二”打折，还可以疯狂抢购一番，几秒钟的时间，轻点指尖，就可以把物美价廉的好东西收入囊中。在中国，网购已成为一种不可或缺的生活方式，偶尔回国一趟，反而不习惯，因为没有网购，只能又恢复以前逛商店买东西的日子了。

Nechyparuk Darya [Belarus]

达莎［白俄罗斯］

网购是懒人的福音。2003 年我第一次到中国时，经常要去实体市场或商店购物，但现在中国已经成了网购的天堂。我经常使用淘宝、京东和天猫这三个购物网站，它们就像魔术师一样，可以满足你的任何愿望——我能在这些网站上找到任何我想要的东西。最开始的时候，网购还不像现在这么便利，很多时候卖家因为种种原因不能及时发货，我必须要等很久。但是令我高兴的是，如今的环境变了，网购的过程也更完善了。如果对买到的商品不满意，我可以寄回去退货或者更换。而且大多数卖家都提供运费险，所以退换货时买家不需要承担运费。

我很忙，网购可以帮助我节省时间、精力和金钱。我喜欢在中国购物！

网络购物在中国越来越普遍

Neamtu Anamaria [Romania]

安娜玛利亚［罗马尼亚］

“淘宝”是一个很棒的网站，你可以在上面找到你想买的任何东西。也许是我运气好，我在中国的网上购物经历都很成功。所有东西都能按时送达，实物和照片完全一样，质量很好，而且还免运费。

我买过一些衣服，几天后就收到货了，包装也很好，衣服的尺寸也正好符合我下单时的预期。而且我惊喜地发现，即使只买一件也不需要支付运费。与我们国家比，同样的衣服，质量一样，但是价格更便宜。比如，有一次我在淘宝上买了一件上衣，花了 20 块，还包邮，三天后就到了。

我真喜欢在中国网购！

Rachid Hamza [Tunisia]

罗习德［突尼斯］

我来中国已经 6 年了。第一次在淘宝体验中国的网上购物时，我买了一双鞋。两天后，鞋到手了。我发现我买的鞋和在网页上看到的一模一样，没有任何区别。从那次起，我就爱上了淘宝。网购和传统购物不一样，网购不受时间和地点的限制，而传统购物方式就需要在固定时间去固定地点。另外，在淘宝上你可以比较不同店铺的价格，最终选择自己觉得最物美价廉的。还有一点也很棒，那就是淘宝上有许多传统市场里没有的商品。

1. 安徽某农产品电商的工作人员正在为“双十一”准备商品
2. “双十一”期间，天猫、京东等各大电商展开了激烈的竞争
3. 某快递公司员工正在打包货物，15 秒一个包裹，单月打包 4 万个
4. 2018 年 10 月，苏宁易购打出了“双十一提前抢”的广告

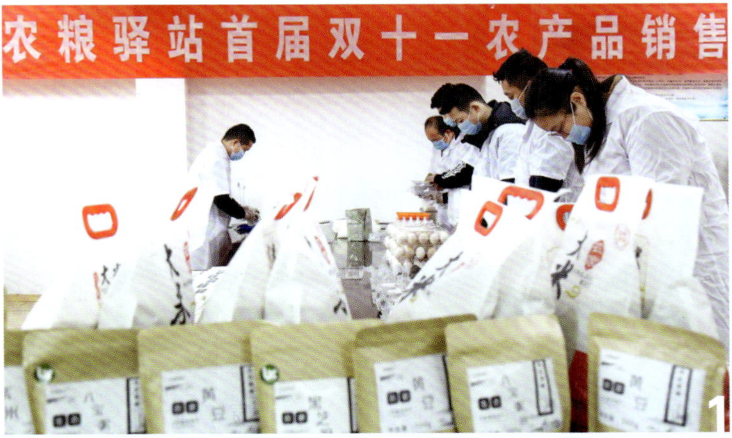
农粮驿站首届双十一农产品销售
1

天猫 TMALL.COM
JD.COM 京东
2

3

10.26 超9000家门店
双十一
提前抢
全场商品价保双十一
苏宁易购 suning.com
redbaby
苏宁小店
苏宁易购
suning.com
预存50元
抵用100元
购物满千返百
最高可返 900元
家电以旧换新
高价回收旧家电 购新家电
最高补贴500元
活动时间：10.26–10.28
4

乡村振兴

Gregory Veeck [America]
魏克恭 [美国]

在中国东部，外国游客有很多机会参观乡镇和村庄。比如，利用周末时间走出城市，到宁静的地方来一趟文化旅游。你可以骑自行车，也可以徒步旅行。在郊区，你可以泡温泉，当然还可以品尝传统烹饪方法做出来的当地美食。我花了 33 年时间寻找这些美食。去年夏天，我在南京江宁区的一个小镇上吃到了一种特别的饺子，味道让人终生难忘。

中国区域发展专家和当地官员致力于通过乡村旅游帮助中国农村发展经济，从而提高当地收入，改善农民的教育和生活质量。比起以前，现在外国游客可以更方便地了解中国乡村。走出城市，坐上看起来路途遥远的公交车去到农村，你就可以享受特别的农家菜，参加当地热闹的庆祝活动、定期的集市，欣赏开阔的田野和大自然了。别担心，不管怎样，你总能回家。

1. 重庆市某山村，技术员正在耐心地为村民讲解养蜂难题
2. 浙江西塘古镇保留了很多明清古建筑

Anna Kijaniza [Germany]

安娜［德国］

我的专业是文化人类学，因此说到乡村振兴，我首先想到的就是乡村旅游发展。经过不懈的努力，在短短几十年内，中国农村地区的情况就得到了显著的改善。我也是间接受益人，乡村振兴使我有机会到中国最偏远的地区旅行，亲身体验中国文化的多样性。

“三农”问题，也就是农业、农民和农村问题，是中国经济发展中的突出问题。而2000年的西部大开发战略为许多改善农村地区状况的政策和计划奠定了基础。2005年，中国政府提出要建设社会主义新农村，再次让农村人从中国的快速现代化建设中受益。2006年还被定为“中国乡村旅游年”，旅游业成为新的国家重点。

事实证明，推动乡村旅游的举措是最成功的社会经济问题解决方案之一，既能增加农村收入，又能促进城市休闲。云南、贵州、四川西部等地在政府的大力投资和扶持下，有望发展成为著名的民族旅游区。我最近刚刚去了四川的甘孜，当地众多的农家乐项目给我留下了深刻的印象。作为一名游客，这次旅行给了我一个宝贵的机会，让我看到了那些我从未见过的农村人的生活方式，接触到了少数民族的传统，而这些在我所居住的大都市环境中是根本看不到的。

雄安新区

Lim Jia Yi [Singapore]
林家怡［新加坡］

在中国城市化进程中，地处河北保定，紧邻北京、天津的雄安新区，对国家政治、金融科技、医疗研究以及艺术教育的发展，都是具有重要意义的。一个国家和城市的未来和发展，离不开教育。作为一名艺术学习者，我认为艺术教育能够让孩子们学会审美，给孩子们带来自信和尊严，也能培养下一代的韧劲和吃苦耐劳的精神。

前不久，我在《保定日报》上看到一篇关于雄安的报道——《田埂上的芭蕾》。报道中说，雄安一所学校的捐助人邀请北京舞蹈学院的老师免费教学生跳芭蕾舞。经过 4 年的培训，孩子们在中央电视台的一次文艺汇演上，用一支《田埂上的芭蕾》征服了观众。艺术教育给孩子们带来了勇气与自信，照亮了他们的人生。

希望在不远的将来，雄安新区不仅能成为一个绿色、智能、宜居的现代化城市，而且还能通过对教育、艺术和文化的重视，发展成一个青春洋溢、具有创造力的中国模范城市。

Ramziya Fazdalova [Russia]
费兰花［俄罗斯］

每个关注全球城市化政策的人都应该知道中国在这一方面引领了潮流。作为改革开放的一部分，中国的城市化继续稳步发展。如今，雄安新区已成为中国城市化进程中具有全国意义的新区。首都北京面临着不少问题，如空气污染、交通拥堵、水资源缺乏、人口过于集中等。其中一个可行的解决方案是将非首都功能疏解到郊区或附近地区。雄安靠近中国的政治和文化中心，适合作为高科技中心，发挥模范作用。根据规划，很多大学、研究机构、医疗机构、公司、金融机构和公共服务部门都将转移到雄安。我相信，到 2035 年，雄安一定能发展成为一个绿色、智能、宜居的现代化城市，着重培养创新驱动发展新引擎，创造和谐的人文环境。

1. 雄安新区大力推广新能源汽车，百度公司的阿波罗自动驾驶汽车已经投入使用
2. 雄安市民服务中心
3. 2017 年的河北雄安新区

地铁

Hamza Al-Fathle [Jordan]

韩达［约旦］

在北京工作和生活，地铁是最便捷的绿色出行方式。我每天上下班或去朋友那儿都坐地铁。以前，地铁里只有中文标识，没有外文，对于我们外国人来说不太方便。这几年中国地铁有了不少变化，不仅使用双语报站，而且还会提前播报。听说最早北京地铁只有两条线路，现在已经增加到了 22 条，而且今后还会不断增加。最近我还看到有保安在地铁里来回巡视，以确保乘客的安全。北京地铁四通八达，是我出门的首选。

Oleksandr Goncharenko [Ukraine]

功察连科·亚历山大［乌克兰］

1996 年我第一次到中国，也是第一次看到北京的地铁。当时我觉得北京的地铁没有我们基辅的好，因为它不仅比基辅少一条地铁线路，而且还要购买纸质车票。地铁上人不多，因为地铁站也不多。还记得第一次进北京地铁站乘车，我觉得很奇怪：怎么里面可以买吃的？而且站台上、车上都有垃圾。可是现在完全不一样了！地铁上人多了，车站也多了，垃圾却没了。我羡慕北京有 20 多条地铁线路。当然，特别令我高兴的是，今年中国将帮助基辅发展地铁。

Ines Barkana [Tunisia]

伊奈斯［突尼斯］

2004 年我刚来中国时，北京还没有几条地铁线，大家出门主要靠公交车或打车。可现在，北京的地铁线路图变得越来越复杂，地铁能到的地方也越来越多。生活在北京的人都把地铁看作这个城市流动的生命线。每天早晚高峰时间，地铁里挤满了形形色色的人。我喜欢观察地铁上的中国人。他们有的西装革履，有的随意休闲，有的时尚个性，但是都有一个共同点：都在低头玩儿手机，有的还戴着耳机，沉浸在自己的小世界里。每到一站，都有一批人匆忙地下去，又有一批人匆忙地上来。

Anna Kijaniza [Germany]

安娜［德国］

2018 年我到上海读研究生。由于我的大学校园位于郊区，所以我几乎每天都要乘坐地铁穿越整个城市。从我到上海的第一天起，坐地铁就是我日常生活中不可避免的一部分。我非常喜欢坐地铁，因为它速度快，价格便宜，乘坐方便，而且非常舒适，我想去哪里就去哪里。此外，作为人类学专业的学生，我喜欢观察周围的人，而每一次出行都是一个绝好的机会，能让我遇到在校园里遇不到的人。也许这就是上海地铁对我而言如此特别的原因之一。

仅仅在 30 年内，上海地铁就从最初计划的 28 个车站发展成为世界上运营里程最长、规模最大的地铁系统。如今，它的运营里程达到了 705 公里，拥有 415 个车站和 16 条线路，几乎连接了所有的城区和一些邻近的城镇。今天看来，似乎已经不能想象没有地铁的上海生活了——地铁对当代大都市的生活是如此重要。

智能手机

Sandra C. Obiora [Nigeria]

思言 [尼日利亚]

还记得“中国制造”曾被认为是质量不好的标志吗？现在再也不是了！中国的智能手机产业在不断发展。华为、小米、vivo 等品牌不断竞争，生产各种功能多、质量好的时尚手机。

2011 年我离开中国，2016 年又回来了。就这么短短的几年，我都快不认识中国的智能手机行业了。我开始探索不同手机的设计和功能，很多都超出了我的想象。我现在用的手机是小米 Max 系列，内存 64 G，使用界面与一般安卓手机有很大的差别，让我印象深刻。带着小米手机去中国以外的地方旅游时，别人都感到很惊讶，因为他们从来没见过如此独特的界面。

我发现中国的智能手机在某些方面比其他国家的手机更胜一筹。首先，2016 年，中国手机已经跨越 3G 时代，进入了 4G 时代。其次，中国手机有这么好的设计、界面、质量、速度和功能，但价格远比其他国家的手机便宜。最后，我注意到 2016 年我的小米手机有了分屏功能，用户可以灵活地同时运行两个不同的应用程序，真是太方便了！

Hamza Al-Fathle [Jordan]

韩达 [约旦]

当我第一次在约旦看见华为手机时，我觉得它的功能没什么特别的，外观也并不吸引人，很多阿拉伯人使用的时候也感觉不太习惯。那时候华为手机在约旦只有一两家店。没想到到了 2019 年，华为手机风靡全球，约旦的华为手机店已经增加到了十几家。今年我买了华为手机，无论是功能还是外观都让我很满意。我用华为手机拍的照片非常清晰漂亮。更为方便的是，这部手机还可以放入两张卡，实现双卡双待。今年年初，我还有幸到深圳参观了华为总部，感到非常震撼。

1. 2019 年 1 月，华为参加在美国拉斯维加斯举办的国际消费类电子产品展览会（CES）
2. 中国手机品牌传音在印度召开发布会
3. 2019 年 2 月 24 日，小米在世界移动通信大会上发布全新旗舰手机小米 9
4. 2018 年 10 月，一加科技在美国纽约推出新一代 6T 手机

共享经济

Anna Kijaniza [Germany]
安娜［德国］

我一直坚信分享就是关爱，也希望每个人都能关注我们的环境，保护日益减少的自然资源，追求可持续的生活方式。所以当共享单车、拼车出行、共享租房等新事物出现时，我总是第一时间就热烈欢迎，积极使用。在共享经济方面，我很钦佩中国人能如此迅速地拥抱这些创新的方式。

我很喜欢旅行。有了共享租房，我就可以用非常优惠的价格与当地人住在一起了。因为我是外国人，又是学生，所以当然没有私人汽车。但与朋友一起租车使我有机会去中国最偏远的地区旅行，而且去了十几次。在校园里，我喜欢通过手机上的应用程序租用共享单车——操作简单，使用方便，而且能带来很多乐趣！

共享经济几十年前就出现了，它提高了剩余资源的可用性，是保护环境和资源的好方法，这正是共享经济最吸引我的地方。我很高兴地看到共享经济在中国越来越受欢迎，分享的理念也越来越受到大家的认可。

1

2

Mohamed Kalik [Sri Lanka]
卡利克［斯里兰卡］

随着科技的发展，共享单车在中国越来越受欢迎。共享单车就是一种租赁式的单车，交付押金给软件平台后，用手机扫一下车上的二维码，就可以随时租用，也可以随时随地归还。因为它具有实用性、创新性、新颖性，因此也被一些人戏称为中国的“新四大发明”之一。

因为共享单车的便利性，它成了我来中国后最喜欢的交通工具之一。平时我经常骑单车去上学，因为这不仅可以锻炼身体，而且可以让我更自由地安排路线，还能欣赏沿途美丽的风景。

有一次我和朋友一起去杭州旅游，我们骑着共享单车游览了不少风景优美的景点，这可比走路或者坐公交轻松多了。除了共享单车，我们在路上还看到了共享电动车，它的速度比共享单车快多了，不过骑电动车时要更加注意安全才行。

1. 共享单车解决了人们“最后一公里”的出行问题
2. 用手机扫描车身二维码就可以骑走共享单车
3. 随着共享经济的快速发展，中国还出现了共享汽车
4. 商场、餐厅、机场、火车站等很多地方都设有共享充电宝

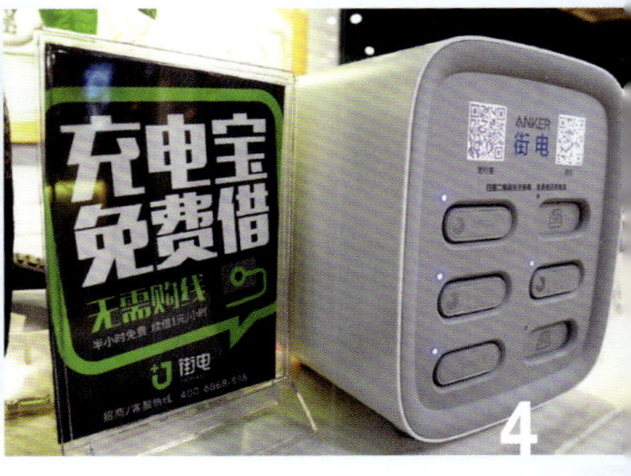

小康社会

Helen Xiaoyan Wu [Canada]
吴小燕 [加拿大]

中国是世界上人口最多的国家，拥有近 14 亿人，接近世界总人口的 20%。中国要在第十三个五年规划（2016—2020）结束时消除贫困，并要在 2021 年（中国共产党成立 100 年）前“全面建成小康社会”，其意义实在是非同小可。

“小康”这个词，字面意思是相对舒适或适度繁荣，用来描述人们的生活还算舒适的社会状态，源于两千多年前的儒家理念。在 20 世纪 80 年代，中国确立了符合当时国情的小康社会的奋斗目标：解决温饱问题，把人民的生活水平提高到相对富裕的水平。经过 20 年艰苦卓绝的努力，这个目标如期实现了。进入 21 世纪以后，中国已经迈向了一个新的阶段，要在经济、政治、文化、社会和生态上全面建成一个小康社会，而且在各个方面都制定了具体的目标。

尽管在经济上取得了令人瞩目的成就，但中国仍然是一个发展中国家，其人

1. 2018 年，江苏苏州的小学生正在用 3D 打印笔创作作品
2. 2019 年，江苏昆山千灯古镇游人如织

均收入还不到经合组织（OECD）国家平均水平的四分之一。在中国的农村和山区，通往小康的道路更为艰辛。但是从另一方面来说，许多大型基础设施项目，比如高铁的良好发展，正在重塑中国乃至世界。

2018 年 12 月，习近平主席在庆祝改革开放 40 周年大会上重申："中国的发展离不开世界，世界的繁荣也需要中国。"在全球化的今天，他的话可谓千真万确，而且与"地球村"的概念完全契合。"地球村"一词是由多伦多大学的著名教授马歇尔·麦克卢汉（1911—1980）于 1964 年首创的，他是我在多伦多大学的前辈。

中国和加拿大的经济具有很强的互补性。举例来说，加拿大的木浆和农产品出口到中国，而中国的电脑和附件设备出口到加拿大。从长远来看，要实现社会的繁荣发展和现代化首先意味着要培养人才。在教育方面，加拿大长期以来一直是中国留学生的首选目的地之一。在我们多伦多大学的国际学生中，来自中国的学生已经成为了最大的群体。

生活富足是古今中外人类的共同愿望，中国人、加拿大人以及任何其他国家和地区的人都一样。中国无疑正在达成全面建成小康社会的目标，而加拿大就是那个友好的"地球村民"。

3. 经过改革开放 40 年的发展，位于中国西北的陕西安康发生了巨大的变化
4. 2018 年，一名消费者正在超市选购商品

精准脱贫

Gregory Veeck [America]

魏克恭 [美国]

现在每次去中国的农村，我都会感到震惊。在如此短的时间内，中国的农村就在物质层面取得了巨大的进步。20 世纪 80 年代中期，即使是相对发达的江苏省北部的人们也在用稻秸秆和小麦秸秆烧水做饭，很少有炉子以外的加热设备，粮食产量也低于国际标准，洪水和干旱往往也是导致农民生活困难的主要原因。

如今，人们都用燃气做饭取暖，完善的排水和灌溉系统使得粮食产量远高于国际标准。大多数东部地区的农民都有非农就业岗位，收入比之前增加了十倍以上。中国为改善农村居民生活条件付出的努力远远超过世界其他国家，最近令人关注的全民医保再次证明了这一点。

Ines Barkana [Tunisia]

伊奈斯［突尼斯］

作为一名记者，我去过中国很多的城市和农村，对中国提出的“精准脱贫”政策也有所了解。中国政府制定了不同的政策来帮助老百姓改善生活，尤其是在偏远山区和高原地区。最近我去了拉萨附近的一个村庄，他们正在搬迁。我和当地人聊天儿，他们告诉我原来的生活多么艰苦，比如收入太低、卫生不太好、交通也不方便，等等。而现在，有了中央和地方政府的支持以及很多福利政策，农村人也过上了幸福的生活。一位老太太跟我说：“我很高兴能活到这一天，能看到我孙子上家旁边的幼儿园。”我觉得她这句话能说明一切。

1. 脱贫后的海南琼海某乡村
2. 2017 年，贵州一位老师在学校指导学生学习马尾绣，最终带领 7000 余人脱贫
3. 2018 年，河南一村民脱贫致富后盖起了一座 30 多万元的小洋楼
4. 2015 年，安徽某农户在淮南市“科技 110”帮扶指导下，靠销售食用菌实现了脱贫致富

全民医保

Nechyparuk Darya [Belarus]
达莎 [白俄罗斯]

过去中国只有部分城市居民有医疗保险，人们确实害怕看医生。但是随着经济的发展，中国的福利政策也在不断优化。近年来，医疗保险不仅在城市里推广普及，而且也在小城镇中实施了。

2009 年，中国开始实施全民医保，尤其重视解决老人、残疾人和儿童的基本医疗保险问题。如今，医保的覆盖人口超过 13 亿，几乎实现了人人享有基本的医疗保障。

“让每个人能够看得起病”将不再只是口号。

Rizal Chandra [Indonesia]
张德贵 [印度尼西亚]

我认为，一个好的政府应该是关心人民健康的政府。中国政府向来重视人民的健康状况和医疗保障。为了能让每个人都看得起病，中国从 2009 年开始在全国范围内推广全民医保，计划到 2020 年基本建立覆盖城乡居民的基本医疗卫生制度，首次实现医保的全覆盖。

记得有一次我去江西省上饶市湖村，发现他们都没有医疗方面的担心，所有人都有医疗保险，大家再也不怕“看病贵、看病难”了。看到这个情况后，我也为他们感到高兴。以前我总觉得住在农村或小城镇看病会非常困难，但现在我发现中国已经不是我想象的那样了。

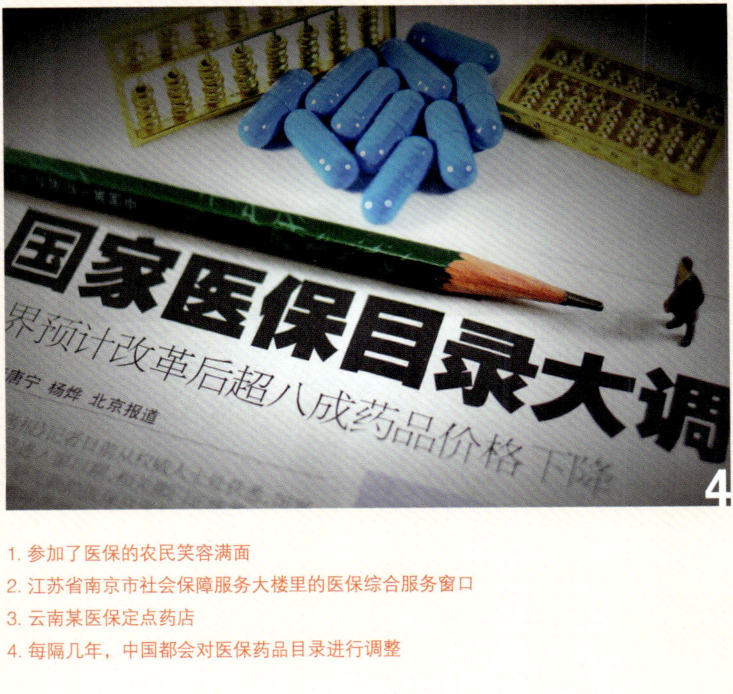

1. 参加了医保的农民笑容满面
2. 江苏省南京市社会保障服务大楼里的医保综合服务窗口
3. 云南某医保定点药店
4. 每隔几年，中国都会对医保药品目录进行调整

大学生就业

Ramziya Fazdalova [Russia]

费兰花［俄罗斯］

我们都知道中国经济一直在蓬勃发展，但要在中国找一份高薪且稳定的工作也并不容易。在北京读硕士和博士期间，我经常和中国朋友一起讨论毕业后的未来。现在中国有学士学位的人太多了，为了找到更好的或者更高薪的工作，必须获得硕士甚至更高的学位。由于就业市场竞争激烈，大学生们不仅要在学校里努力学习，还要到公司兼职实习，积累工作经验，因为任何额外的技能都可以为你加分。

中国的孩子从小时候开始就面临着巨大的竞争：幼儿园、小学、初中、高中（特别是高考）、大学、研究生……上了大学也不能说就高枕无忧了，因为找工作的压力越来越大。激烈的竞争使得社会对大学毕业生的衡量标准越来越高，当然，这最终也会提升中国人整体的素质。

除了求职以外，有些人还会自己创业。我有一些中国朋友是商人，他们白手起家，非常乐观，总是面带微笑，并且富有创造力，不断寻找商业机会。

我有一位朋友大学毕业后从银行贷款，在家乡河南开办了一家街舞学校。前两次尝试都没有成功，遇到了场地位置不好、被生意伙伴抛弃、预算不足等问题，但是他没有放弃，继续坚持自己喜欢的事业。现在他已经开了三所学校了，生意十分兴隆。

1. 26 岁女大学生放弃德国留学机会，回到中国自己创业，专做针对年轻女性的服装生意
2. 毕业季，大学毕业生都要去人才市场投简历
3. 浙江义乌工商学院对 2015 届毕业生举行自主创业证颁发仪式
4. 在北京市海淀区中关村创业大街一家创业孵化器中工作的创业者们

1

2

毕业生自主创业证颁发仪式
BALANCE
3

4

红包

Yenty [Indonesia]

阮馨惠［印度尼西亚］

记得小时候，每到春节，我最高兴的事情莫过于领红包。红包也称压岁钱，春节时，晚辈给长辈拜年，长辈就要给晚辈红包。传说红包具有化凶为吉的功能。有一种说法是，民间相信，当残害生灵的怪兽“年”来临时，孩子们可以用红包贿赂并驱逐它。如今不仅是春节，给别人庆贺生日或参加婚礼时，人们都会用红包表达祝福。

随着科技的发展，现在有了更刺激的手机“抢”红包。微信群里，逢年过节时大家都纷纷发红包，这时我也会跟着“抢”。原本只是凑热闹，没想到去年发愁不知该如何支付百度文库的下载费用时，“抢”来的红包还真派上了用场。

红包的形式虽发生了变化，但其本质没有变，它仍然是人们用来表达祝福、传递快乐的手段。

Julienne [Aruba]

海清［阿鲁巴］

我来自加勒比海一个名叫阿鲁巴的小岛，不管你信不信，我们那儿也有发红包的习惯。特别是随着现代交通和信息技术的发展，各地之间的相对距离都变短了。我们可以接触到岛上庞大的华人社区，他们主要来自中国南方。在举行婚礼、生日派对、毕业典礼等特别的庆祝活动时，他们就会发红包。阿鲁巴岛上的华人社区特别多，你可以在任何一家商店买到红包。我们还和中国朋友一起过春节。每逢元旦和农历新年，我们还会放烟花，这些烟花也是从华人社区买的。对中国文化的喜爱也是吸引我到中国学习汉语的主要原因之一。

Diane Ang [Philippines]

洪睦佑［菲律宾］

菲律宾也有发红包的习俗，我觉得这是以前的中国移民带来的。除了春节，人们还会在一些特殊场合发红包，比如生日、毕业典礼、圣诞节和菲律宾的其他庆典或节日。菲律宾有很多像我一样的华裔，我们既遵守菲律宾的传统，也保留着一些中国的习俗，所以春节这一天，亲戚之间通常会互相发红包祈求好运，企业也会给客户发红包表示感谢。红包不一定是红色的，也可以是蓝色、绿色、粉红色等。然而，无论是什么样的颜色或设计，里面装着钱的都叫红包。但是现在，在中国发红包和在菲律宾有一点儿不同。在中国，人们可以通过微信和支付宝等手机应用程序发红包，非常方便。但是在菲律宾，我们没有这类应用程序，还是要亲自将红包送到别人手上。

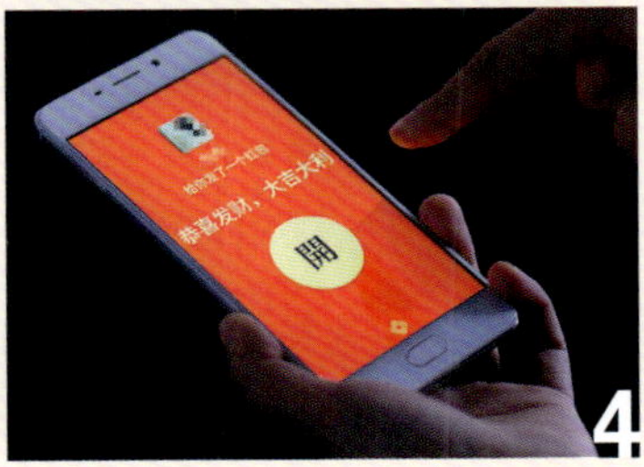

1. 湖北一位新郎在迎娶新娘时，得先用手机扫码发红包
2. 大年初一的广东街头，一些商家让人打扮成“财神”给大家发红包
3. 过年收压岁钱是孩子们最开心的事
4. 在手机上发红包、抢红包成了现在的新时尚

快递

Aya Alnasser [America]

阿雅［美国］

快递业务在中国的发展非常迅速，中国现在的快递公司有顺丰、圆通、申通等几十家。随着网购的日益发展和普及，人们在网上购物后，需要快递人员及时准确地把商品送到顾客手里。中国的快递员训练有素，可以以最快的速度及时把商品送到家里，如果家里没人，他们会把商品放入小区取货柜，并及时通过短信把取件码发到客户的手机上，以确保人们下班后可以第一时间到取货柜取出商品。快递已经成为中国人日常生活中非常重要的一部分。

Afzal Ahmed Dar [Pakistan]

陆辰［巴基斯坦］

电话响了，我听到了在南京大学这段时间里最动听的话："朋友，你的快递到了！"这是我期待已久的一句话。快递有一种魔力，既神奇又可靠。所有的快递员都像超人一样，不管刮风下雨，快递都能准时送达。我觉得，中国的快递服务是全球最好的。

作为外国人，一开始在快递柜找快递的过程就像在走迷宫：按照短信的指示找到柜子，然后还要输入取件码。不过后来我有了经验，成了找包裹的"专家"，还经常帮助实验室的朋友和同学拿包裹。

现在我热切期盼着什么时候中国能用无人机投递包裹，让无人机飞越天空后把包裹直接送到人们手中。

1. "双十一"过后，各快递公司的包裹都"爆仓"了
2. 很多学校和居民区都有快递柜，方便大家自取包裹
3. 中国主流快递公司之一顺丰快递拥有 50 多架飞机

Tan Li Yu [Malaysia]

陈立瑜［马来西亚］

近几年，我几乎所有的日用品都在网上购买，这完全是出于我对网购平台及中国快递的信任。北京的快递网点非常密集，运输链也很完整，几乎覆盖到每一个小区，甚至能送到家门口。而且快递的速度非常快，像京东、当当等可以做到早上下单，下午送达。同时，快递到手时一般不会有什么磕碰损坏，让人省心省力。若有问题，网购平台也能及时解决。此外，无论是商品本身还是快递的价格，都很实惠，性价比很高。

1

2

3

外卖

Hamza Al-Fathle [Jordan]

韩达 [约旦]

外卖对我们阿拉伯人来说是一个全新的概念，我们通常不喜欢叫外卖，主要是担心饭菜不能及时送达。去年，我的一位朋友从约旦来中国旅游，因为时差的原因，半夜两点的时候朋友感到很饿，于是我们用手机在麦当劳的 APP 上下了单。出乎意料的是，十分钟后我就接到了外卖小哥的电话，告诉我外卖到了。我们感觉很惊喜，特别是刚从约旦来的那位朋友，他对中国的发展感到惊讶。这是一次非常愉快的经历，从此，订外卖成了我日常生活中非常重要的一部分。

Ines Barkana [Tunisia]

伊奈斯 [突尼斯]

我缺点不少，比如下面两个：第一，我很宅，只要不上班或没有什么重要的事就不愿意出门；第二，我有时候会变得很懒，不爱干活，不爱做饭。在这种情况下，订外卖成了我最喜欢的生活方式。我的手机里下了“饿了么”和“美团外卖”两个软件。每次饿得慌却没时间做饭时，就动动手指，叫个外卖，不到半个小时，热乎乎的饭菜就送到家了，真是方便极了！

Pedro Sacadura Nuno [Portugal]

裴嘉骏［葡萄牙］

作为一名留学生，我常常自己做饭。但有时候肚子饿得等不了，也没有时间和心情去饭店吃，怎么办呢？幸运的是，在中国，我找到了一个好办法，那就是让饭店的饭菜送上门来，既简单又方便。不需要记那么多电话号码，也不用攒传单，更不用上好几个不同的网站，只要手机上下载几个外卖应用程序就行了。另外，微信这个一体化聊天儿应用更为方便，甚至不用退出程序就可以付款。微信提供的选择也很丰富，从中餐到印度餐，从比萨饼到汉堡包，应有尽有。我可以选择系统推荐的餐厅，或者搜索自己想吃的菜，然后下单，过一会儿外卖就能送到了，一般不超过 30 分钟。现在还可以用外卖软件买水果或其他杂货，甚至药品。

中国的外卖很好吃，外卖小哥也值得夸奖，他们争分夺秒，风雨无阻，即使在雪天和雨天，仍然面带微笑，坚持工作，这也是为什么我建议天气恶劣的时候订外卖要三思而后行的原因。

1. 一位外卖派送员冒着户外 40 多度的高温在烈日下送外卖
2. 上海外卖小哥骑着电瓶车在街头送外卖

5G

Jamel Muhammad Alsukary [Egypt]
吉米 [埃及]

在 2016 年底的世界互联网大会上，美国高通展示了可以实现“万物互联”的 5G 技术原型，于是 5G 技术开始进入人们的视野。目前全球已有多个国家竞相投身于 5G 网络技术的开发和应用。

5G 主要有三个特点：网速快、信号广、延时少。

中国研发 5G 技术已是备受全球关注的热门话题，中国移动、中国联通先后提出了自己的 5G 方案，小米、华为等手机厂商先后发布了 5G 手机。不难发现，中国已经率先进入了 5G 技术的研发行列。

今年 2 月，中国上海虹桥火车站正式启动 5G 网络建设，成为全球首个采用 5G 室内数字系统建设的火车站，可惜我没能亲身去体验。我期待，也希望中国能尽早完成覆盖全国各地的 5G 网络建设，让 5G 技术更好地服务于人们的生活和工作。

Hamza Al-Fathle [Jordan]
韩达 [约旦]

提到 5G，我想到的第一个词就是“快”！ 2018 年，华为宣布将全面推出 5G 手机。这不仅标志着中国在通信技术上的进步，也说明中国在这个领域已经走在了世界的前列。我觉得，5G 技术带来的影响是多方面的。首先，通信技术的革新肯定会造福全人类。以后出门不用到处找 Wi-Fi 了，用手机下载一部高清电影只要几秒钟，无人驾驶也将成为可能。其次，5G 也具有巨大的经济价值，会带动很多相关行业的发展。

Abdullah Salam [Saudi Arabia]
萨拉姆［沙特阿拉伯］

或许你对 5G 还感到好奇，5G 意味着我们即将进入远程创新时代。与 4G 相比，5G 的速度更快，延时更少，你将会更快速地获取信息，在观看电影、游戏娱乐、浏览网页时获得更流畅的体验。

5G 技术的应用只是时间问题。到目前为止，中国在通用市场分割中处于世界领先地位，预计 5G 用户的数量也将高居全球第一。

我相信中国的技术，而且我希望将来这些技术可以帮助我们国家。

在西班牙举办的 2019 年世界移动通信大会上，一名观众在华为展区体验 Cloud X 裸眼虚拟现实设备

中国航天

Hamza Al-Fathle [Jordan]
韩达 [约旦]

中国是一个不断创造奇迹的国家，这一点几乎在各个领域都有体现。提到航天，中国起步虽晚，但发展却很迅速。1956 年，中国航天事业才刚刚起步。而几乎同一时期，苏联就将宇航员送上了太空。美国也在 1969 年完成了人类第一次登月任务。中国航天起步虽晚，但发展速度却让人惊叹。2003 年，神舟五号的成功发射让中国成为世界上第三个将宇航员送入太空的国家。中国航天事业取得的成就，不管是长征系列的火箭、神舟系列的飞船，还是探月工程的嫦娥系列卫星，都让我对中国的科学家心生敬意。他们潜心研究，努力拼搏，才换来这么多的成果。

1

2

1&2. 2019 年 1 月 11 日，嫦娥四号着陆器（图 1）与玉兔二号巡视器（图 2）完成两器互拍，达到工程既定目标，标志着嫦娥四号任务圆满成功（图片来源：中国航天科技集团有限公司）

3. 天宫一号、神州八号、神州九号发射瞬间

4. 2003 年，中国第一位进入太空的宇航员杨利伟顺利返航出舱

3

4

5

6

5. 改编自刘慈欣同名小说的太空题材电影《流浪地球》中国大陆票房超过 46 亿元人民币，居中国电影史票房榜第二位

6. 神舟九号三位航天员在天宫一号实验舱中工作

中国大飞机

Hassan Jaber [The United Arab Emirates]
贾贝尔 [阿联酋]

C919 客机是中国第一款具有完全自主知识产权的大飞机，为什么会取“C919”这个名字呢？原来“C”代表中国，第一个“9”寓意天长地久，“19”代表它的最大载客量是 190 座。

2017 年 5 月，C919 在上海成功完成第一次试飞，马上将投入商业运营，而且不仅仅是针对中国市场，还要面向全球市场。希望不久的将来，我也可以亲身体验一下中国自主研制的飞机——如果 C919 的票价比波音和空客便宜点儿就更好了！

Mohammed Ahmed [Algeria]
艾哈迈德 [阿尔及利亚]

C919 客机是中国设计和制造的最大商用客机。 它是一款双引擎喷气式客机，跟空客 A320 和波音 737 机型一样，是低成本航空公司机队的主要支柱，有利润丰厚的市场。

C919 有 158 到 168 个座位，属于中型客机，在容量上与能坐 550 人的空客 A380 还有很大的差距。不过据说中国已经将提供 300 个座位的 C929 大飞机的设计和制造列入计划，而未来的 C939 将提供 400 个座位。

2017 年 C919 首飞时，我看到网上对它还有很多质疑，但这两年的发展证明了中国的实力，中国大飞机的研制和发展速度真是让人惊叹。

1. 2015 年 11 月 2 日，中国自主研制的 C919 大型客机在上海首次全球公开亮相
2. 2018 年两会上，媒体争相采访全国人大代表、大飞机总设计师吴光辉
3. 在上海航空科普馆，两名参观者进入国产大飞机模拟驾驶舱，体验开飞机的感觉
4. 2017 年 5 月 5 日，中国大飞机 C919 成功首飞

珠海航展

Abdullah Nhar [Syria]
哈尔［叙利亚］

珠海航展全称叫中国国际航空航天博览会，是国际性专业航展，自 1996 年以来每隔一年举行一次。

中国空军每年都会向外国空军发出邀请。2018 年的航展，有包括美国、俄罗斯、法国、加拿大、意大利、英国、德国、乌克兰、捷克等多个国家的多支空军参与。

另外，包括 JF-17（中国称之为“枭龙”，巴基斯坦称之为“雷电”）在内的飞机以及巴基斯坦空军的飞行员、技术人员和工程师参加了这次航展。JF-17 是由中国和巴基斯坦联合开发的新一代轻型多功能歼击机，不少国家都表示有兴趣购买。

每次研究中国时，我都感到很高兴，因为我们阿拉伯人与中国人关系很友好。中国的每一个进步给我留下了深刻的印象。我希望中国和阿拉伯国家都能为人类做出贡献，在不破坏自然的前提下共同发展。

1

2

Keaghan Strang [Canada]

李云起［加拿大］

第十二届中国航展于 2018 年 11 月 6 日至 11 日在珠海国际航展中心举行。这次展览的规模很大，有很多飞机厂商参加，也吸引了很多跟我一样的航空航天爱好者。

要说在航空方面的发展，中国近些年也做出了不小的成绩。不得不提的就是第五代战斗机的研制工作，歼-20、歼-31 的问世一下子吸引了全球的目光，现在中国已经是世界上第二个同时试飞两种第五代战斗机原型机的国家了。

这次珠海航展还展示了许多令人惊叹的军事技术，参观后我只想说：中国的工程师真的很棒！

1–3. 2018 年珠海航展上展出的 AHL 重型直升机模型（图 1）、排爆机器人（图 2）、机动雷达设备（图 3）

4. 2018 年珠海航展最后一天，八一飞行表演队驾驶歼-10 战斗机进行编队飞行表演

3

4

天眼

Sayidzoda Farzod [Tajikistan]
法佐德［塔吉克斯坦］

看中国电视剧《西游记》时，有一个叫二郎神的给我留下了深刻的印象，因为他额头上长了第三只眼，叫“天眼”，不管孙悟空变成什么，二郎神的天眼都能分辨出来。后来看到新闻里介绍中国人自己研制的射电望远镜就叫“天眼”工程时，我一下子就记住了这个名字。

这个“天眼”工程英文简称叫 FAST，是世界最大单口径、最灵敏的射电望远镜，其综合性能是著名的射电望远镜阿雷西博（Arecibo）的 10 倍。

“天眼”建在贵州喀斯特地区一个洼坑处，独特的地理优势让它突破了望远镜百米工程的极限，使它可以将观测范围延伸到宇宙边缘，从而探索宇宙的演化过程，对人类探索太空发挥巨大作用。另外，它可以将外太空通信能力延伸至太阳系边缘行星处，将卫星数据的接收能力提升到百倍以上。它还可以接收超过 130 亿光年外的宇宙信号，在搜寻外星文明方面发挥着非常大的作用。

宇宙中到底有没有外星人呢？可能每个人心里都有这样的疑问，也许有一天，中国“天眼”会给我们一个答案呢！

1

1. 经过专业的分析，“天眼”最终选址在贵州省平塘县
2. 中国“天眼”（FAST）的信号接收面积达到 25 万平方米，相当于 30 个足球场

Anna Kijaniza [Germany]
安娜［德国］

虽然我的专业与物理学或天文学无关，但中国“天眼”这个让人惊叹的科学项目立刻吸引了我，这是世界上最大的射电望远镜！中国以建设大型项目而闻名，其中很多都令人印象深刻，比如最长的隧道、最大的机场、最深的地铁站。但世界上最大的望远镜却是全新的尝试，即使在中国也没有任何先例！

2016 年，500 米口径球面射电望远镜（FAST）在贵州的一个偏远山区建成。从上面看，FAST 就像一个巨大的银盘，小心翼翼地放在绿色的大山中间。这个庞然大物可能会改变射电天文学，因为它具有很高的灵敏度，能够捕获以前科学家无法获得的信号。此外，这个项目不仅会带来射电天文学本身的突破，而且还会让贵州平塘这个小山村成为全球天文爱好者的热门旅游区呢！

据说，FAST 可能会告诉我们有关宇宙起源的答案，甚至有助于在星系之外寻找智慧生命。我期待着这一天早日到来。

航母

Khaled Fadli [Lebanon]

法德利 [黎巴嫩]

航空母舰是世界上最大、最复杂、最强大的武器之一，也是一个国家综合国力的象征。有了航空母舰，就可以在远离本国领土的情况下开展军事行动，而不用依赖当地机场。

最近中国正在上海建造自己的第三艘航母。与主要用于训练的辽宁舰不同，新航母将容纳更多的飞机，还可能使用弹射起飞技术，甚至采用核动力。

作为一个军事迷，我期待着早日看到中国的新航母！

Hassan Jaber [The United Arab Emirates]

贾贝尔 [阿联酋]

建造航母是中国几代海军人的梦想，但直到 21 世纪初，中国才开始发展航母。

2012 年，中国拥有了自己的第一艘航母——辽宁舰，从此进入了航母时代。辽宁舰是在 1999 年从乌克兰购买的“瓦良格号”航母的基础上改造而成的。

2017 年，经过艰苦的研究和探索，中国研发出了自己的航母，大大提高了中国军队的海上作战能力，对维护中国国家安全具有重要意义。现在，中国正在建造第三艘航母。中国向来崇尚和平，但也从来不会忘记保护自己。这种不卑不亢、和平为先的外交风格令人敬佩和欣赏。

1. 2019 年 4 月，中国首艘国产航母（001A 型航母）在辽宁大连正式下水

2. 2012 年，中国第一艘航母辽宁舰顺利完成歼-15 舰载机起降训练，指挥员帅气的起飞手势被戏称为“走你”，令网民纷纷模仿

蛟龙号

Phumrapee Pandam [Thailand]

李杰 [泰国]

大海到底有多深？海底像海面一样平坦吗？……长期以来，为了探测海洋到底有多深，人们花费了不少心思。但是 1920 年以前，人们只能用在绳子下面系上重锤的方式探测海洋的深度。这种古老的方法探测浅水还行，探测深水就是完全不可能的了。后来学会利用回声，人们才对海底有了比较全面的了解。现在，中国有了深海载人潜水器“蛟龙号”，已经在马里亚纳海沟创造了下潜 7062 米的海底探测记录，“蛟龙号”的最大工作设计深度为 7000 米级，工作范围可覆盖全球 99.8% 的海洋区域。

我认为“蛟龙号”标志着中国科技的非凡创造，将在海洋地质研究领域起到巨大的作用。可以说，“蛟龙号”让人类探索海底世界的愿望变成了现实。

Hamza Al-Fathle [Jordan]

韩达 [约旦]

蛟龙是中国传说中一种生活在水里的神兽，能进化为龙，具有兴云降雨的强大力量。中国第一台自行设计、自主集成研制的深海载人潜水器因为也是在水里活动，所以被命名为“蛟龙号”。

同中国航天一样，“蛟龙号”再次证明了中国技术的进步和发展，再一次让世界刮目相看。现在，“蛟龙号”依然不断尝试向人类未曾踏足过的深海探索，即使温度再低，海水再深，“蛟龙号”也依然愿意探寻未知的世界，帮助中国及世界人民更加了解我们的地球。

1. 2018 年 6 月，“蛟龙号”潜水器模型在北京王府井步行街展出
2. 2019 年 4 月 21 日，升级维修后的全新“蛟龙号”载人潜水器摆放在青岛国家深海基地管理中心
3. 在上海同济大学“深海探索馆”里可以体验“蛟龙号”模拟器

新能源汽车

Olusola Bamisile [Nigeria]
巴米斯莱 [尼日利亚]

特斯拉汽车 CEO 埃隆 · 马斯克（Elon Musk）曾经说过："我们绝对可以制造一辆会飞的汽车，但这不是困难的部分。困难在于如何制造既安全又安静的飞行汽车。"新能源汽车虽然不会飞，但是安全性高，驾驶时十分安静，其他汽车都比不上。

2018 年，中国汽车销售总量约为 2810 万辆，其中新能源汽车的销量约为 125.5 万辆，占总量的 4%。街上随处可见的新能源汽车也证明了这些统计数据。中国新能源汽车的车牌很特别，绿底黑字，非常醒目。

新能源汽车最令人惊叹的一点是有不同的外观设计。在中国，新能源汽车既可用于私人用途，也可用于商业用途。我记得第一次用滴滴（中国版优步）叫车时，一辆新能源汽车出现在我面前，我迫不及待地坐了进去，亲身体验到了它出色的性能。汽车起步安静又平稳，整个行程都没有噪音，这大概是我最顺畅的一趟汽车之旅了。从犀浦到成都郫都区，大约 10 公里的距离只用了不到 4% 的电量。

尽管中国政府现在对新能源汽车的补贴力度不如从前，但新能源汽车依然蓬勃发展。看到它们像燃油车一样奔驰，我跟能源工程师一样高兴。下次来中国时，你可以观察一下那些绿色车牌的汽车，相信你也会为中国新能源车的多样化而感到惊讶的。

1. 2018 年 5 月 10 日，陕西宝鸡核发该市第一张新能源汽车专用号牌

2. 河北省雄安新区市民服务中心设有多个新能源汽车充电桩

3. 2019 年上海国际车展上，中国品牌蔚来展示其跑车车型的新能源汽车

4. 某品牌新能源汽车的内部构造

杂交水稻

Keaghan Strang [Canada]

李云起 [加拿大]

中国有近 14 亿人口，我在一本书上曾看到过有人说，吃饭问题是有关中国国计民生的最大问题。可是来到中国以后，我才发现这个问题已经得到了很好的解决。

后来有朋友告诉我，有个人为中国人的吃饭问题做出了很大的贡献，他就是袁隆平。经过不断探索和刻苦钻研，他改良的水稻品种亩产量从原来的 300 公斤增长到了 1000 多公斤，为解决中国甚至世界的粮食短缺问题做出了巨大贡献，所以人们都把他称为“杂交水稻之父”。他的研究成果给全人类带来了福音。他的成就不仅是中国的骄傲，也是世界的骄傲。

Hamza Al-Fathle [Jordan]

韩达 [约旦]

农业是立国之本。中国研发的杂交水稻技术大大提高了水稻产量，帮助中国成功解决了世界上五分之一人口的吃饭问题。因此，我们都把中国的杂交水稻称为“东方魔稻”。如今，中国的杂交水稻技术不仅应用于国内，在越南、印度、菲律宾和美国等国也大面积应用，并取得了显著的增产效果，为解决全球粮食问题做出了突出贡献。我认为，这项技术简直可以称为一项史无前例的创举，它充分体现了中国人的智慧，为全人类农业发展做出了突出贡献。

1. 为减少收割过程中的损耗，超级杂交水稻全部采用人工收割的方式，目前中国超级稻亩产已突破 1000 公斤
2. 2014 年 10 月 10 日，袁隆平领衔的攻关项目组正在水稻田间进行测产
3. 水稻种子和杂交水稻种子

Mansour Rafe [Yemen]

曼苏尔 [也门]

提到杂交水稻，就不能不提袁隆平，他是“杂交水稻之父”、当代中国的“神农”。我看过一篇介绍袁隆平的报道，说他几十年的成功秘诀是“知识 + 汗水 + 灵感 + 机遇”。为了杂交水稻，他奉献了自己一生的知识和心血，经历的困难也远远超出了人们的想象。

如今，这项技术不仅在中国广泛应用，还被引进到了菲律宾、美国、日本、法国、英国等国家。

1

2

3

武术 / 中国功夫

Gan Yu Sheng [Malaysia]
颜毅晟 [马来西亚]

“飞雪连天射白鹿，笑书神侠倚碧鸳”，这句话包括了小说家金庸所写的 14 部武侠小说，同时也开启了当时年仅 10 岁的我对遥远而神秘的武侠世界的无限遐想。8 年后，高中毕业的我毅然决定到中国留学，只为追寻童年的武侠梦。

非常幸运的是，我遇到了不少好老师，其中就有如今中国式摔跤和散打泰斗兼前北京市摔跤队、散打队教练李宝如老师。老师们的言传身教让我获益良多。在学习中国传统文化精髓的同时，我也了解了不少老北京的风土人情。

武术不仅让我对中国传统文化有了更深一层的体会，更是为我打开了一扇门。透过这扇门，我接触到了中国不同武术门派的高手和老师，了解到一门技艺（不仅仅是武术）要想传承下去，就必须有大海般的肚量，汲取他人的长处，补足自己的短处，兼容并包。

“泰山不让土壤，故能成其大；河海不择细流，故能就其深。”通过武术，我领悟了中国“自强不息”的精神；通过武术，我养成了中国人推崇的“厚德载物”的品格。通过武术，我学到了很多！

Ines Barkana [Tunisia]

伊奈斯［突尼斯］

记得有一年，我还没满 4 岁，姐姐带我去她的学校参加儿童节的庆祝活动。那天，我第一次在大银幕上看了电影。现在我已经不记得电影讲了什么故事了，但是我一直没忘记电影的主角——Bruce Lee，他打败了所有坏人。我还记得我很兴奋地回家跟妈妈讲他有多么强大、多么厉害！等到我长大了，学了中文之后，我才发现他还有另一个名字——李小龙。他是功夫巨星，他让西方人认识了中国功夫，并且把功夫推向了全世界。

1. 一名武术老师正在指导学生练习武术
2. 美国好莱坞杜莎夫人蜡像馆中的功夫巨星李小龙蜡像
3. 湖北省少林功夫表演团的小伙子们正在苦练武术基本功
4. 几名俄罗斯儿童在老师的指导下练习中国拳法

中国戏剧

Gulshan Sadullaeva [Uzbekistan]
爱华 [乌兹别克斯坦]

中国有一部电影叫《霸王别姬》，看完后我感触颇深。这部电影让我对京剧产生了兴趣，于是我决定挑战自己，学习唱京剧。

经过几个月的学习，我发现京剧越学越有意思。以前只看热闹的我现在开始真正深入了解了它的内涵，欣赏到了它的美。作为一个外国人，有时候我很难找到唱戏的感觉，但老师非常耐心地一遍又一遍地教唱。每次学完一段，老师就让我跟着伴奏独唱，这让我得到了很大的成就感。

我周围的外国同学很喜欢听我唱京剧，最近有一位来自委内瑞拉的朋友也开始跟我一块儿学习京剧。老师说，等他也掌握好演唱技巧以后我们俩可以合唱一段京剧。你说会不会很有意思？

我认为，中国的京剧本身是一门博大精深的国粹，很多人因为不了解所以对京剧没有兴趣，但我认为这是一门值得青年人了解的伟大艺术。京剧带给我的快乐是我在中国一直寻找的东西，终于，我找到了！

这也是我和中国的故事，我和京剧的缘分。

1. 青衣是中国戏曲中旦行的一种
2. 变脸是川剧的绝活儿
3. 黄梅戏《梁山伯与祝英台》

Sandra C. Obiora [Nigeria]

思言［尼日利亚］

你是否曾在看到一场惊人的演出之后，感受到孩子般的快乐和兴奋？看完中国的川剧变脸表演后，我就体验到了这种快乐和兴奋。川剧大约起源于 18 世纪中期，主要流行于中国的四川省，此外，重庆、贵州、云南、湖北和台湾等地也有。

2017 年 12 月，电子科技大学举办了一场特别活动，邀请有才艺的留学生与成都川剧研究院的专业演员合作演出。数千名学生观看了这场大型演出。整场演出精彩纷呈，有舞蹈、歌唱、木琴演奏、滑稽短剧、喷火表演，最后当然是最精彩的变脸表演，看得人眼花缭乱。

整场演出让我兴奋不已。那天，包括我在内的几位留学生还被邀请上台“耍水袖”。我必须承认，学跳这种舞蹈相当困难，但是我推荐大家都来看看川剧表演，这种艺术形式确实令人难忘。

书法

Tan Li Yu [Malaysia]
陈立瑜 [马来西亚]

书法，从形式上来说主要指用毛笔书写的汉字，从内涵上来看则是指按照汉字的笔法、结构和章法创作的艺术。

作为一门艺术，书法最大的魅力在于瞬间的笔触，因为下笔之后立即成形，不像油画那样能反复修改。中国人讲求笔墨纸砚之间的相互配合，蘸一次墨能写几个字、下笔用多大的力气、下笔速度的快慢等，都决定了作品最终的样子。因此，需要熟悉汉字的笔画和结构并反复练习，让这些知识变成身体自然的本能，才有可能出现“下笔如有神”那样的理想效果。

今天我们能看到历代流传下来的许多令人钦慕的书法作品是非常幸运的事。学习书法的一笔一画就像与古人做着同一件事情，经历着相似的情境。在体会他们为什么这么处理这些笔画的过程中，似乎能感受到他们的所思所想，这时时空的隔阂仿佛也消失了。

1

1. 陕西西安的 50 名孩子在关中书院古树下书写《道德经》
2. 2018 年哈尔滨中央大街广场，书法爱好者用清水在地上写字

Joël Bellassen [France]

白乐桑 [法国]

我去过中国几百次了，第一次还是上世纪 70 年代，当时头一回见到地书（用海绵或毛笔蘸水在地上写字），一下子就被吸引住了。我觉得地书是中国特有的一种文化现象，并且是最具有吸引力的。为什么这么说呢？可能是因为地书涵盖了中国独有的东西。第一就是书法。书法是一门艺术，而且是西方文化所没有的独特艺术。第二，地书也包含了另外一个现象，就是养生活动，因为地书不只是书法。如果是书法，还不如在书房练毛笔字，可地书是在街上或者公园进行的。他们为什么要这么做呢？这让我们西方人非常好奇，因为在外面练字，是一种类似广场舞、太极拳的养生练习。最后一点，关于地书，无论是作为书法还是养生活动，都是西方人头脑中没有的两个概念。初次碰到地书，因为没有这个概念，所以我不知如何定义这个活动。是书法吗？是养生吗？好像都不是，又好像都是。所以像我这样的西方人对此特别好奇，特别感兴趣。

2

中医

Yuthakrit Arngmaneekul [Thailand]
温仕德 [泰国]

2016 年里约奥运会的游泳赛道上，美国名将菲尔普斯身上紫红色的圆形瘀痕格外引人注目，那是中医拔罐疗法产生的瘀痕，这也让全球观众认识了中医。其实中医已经有 5000 多年的历史了，治疗疾病的方法多种多样，比如中药、针灸、推拿、拔罐等。

我爷爷和爸爸都是中医，小时候看爷爷给患者治疗，觉得看起来简单，效果却很好。可等到自己来中国学中医才知道，中医治病并没有看上去那么简单。从 8 年前连汉语都说不流利，到读懂古汉语、认识繁体字，再到学习中国传统哲学，最后到中医学理论的临床应用，我感觉自己才刚刚入门。8 年的学习，我付出了艰辛的努力，也体会到了中医的博大精深。

现在中医越来越受欢迎，泰国目前也已经有 1000 多名中医医师了。希望中医能够在世界各国发扬光大，给人们带来健康和幸福。

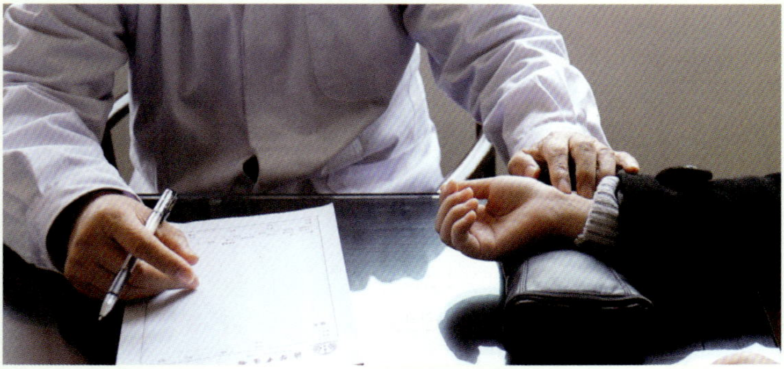

一名中医正在给患者把脉

Su Myat Wai Zin [Myanmar]

苏春柳 [缅甸]

我是一名来自缅甸的留学生，中国文化深深吸引着我，让我不断尝试，获得了越来越多的奇妙体验。我听说一位中国朋友的母亲患有癌症，后来看了中医，疼痛有所缓解，从那以后，中医就成了最吸引我的中国文化。于是，我开始寻找机会了解和研究中医。最后，在同校学姐的帮助下，我也开始学习中医。

中医是一种古老的养生和治疗方式，包括食疗、压力调节、太极拳、气功等自然疗法，以及针灸、草药治疗、拔罐和艾灸等治疗方法。不同的疗法有不同的作用。比如，针灸有助于减少疼痛，维持荷尔蒙平衡并抵抗压力；拔罐用于治疗疼痛，提高免疫力，帮助消化；饮食调理可以预防营养缺陷，提高身体活力，养颜排毒；气功和太极拳等能提高身体的灵活性和注意力；草药可以用于控制炎症带来的自由基损伤，改善肝脏功能；按摩能够通过软组织推拿手法改善血液流动；艾灸则是在皮肤附近燃烧草药，用于治病。

David Dorsett [America]

多塞特 [美国]

我断断续续地接受中医治疗已经 35 年了，并且发现在某些西药没有效果的情况下中医却很有效，因此，我真的认为西方需要更多地接受和融合这些宝贵的、经过时间检验的医学理念和技术。中医已经有几千年的历史，其疗效早就得到了证明。然而，西方现在竟然还没有完全接受“气”的观念。即使是这种基本的认识，对于西方人来说，也将是一个很好的起点，可以帮助我们以一种不同的方式来看待基本的生命能量，并了解中医技术是如何通过保持人体基本能量的强度和畅通流动来促进整体健康的。

Demchenko Kseniia [Russia]

西娜［俄罗斯］

什么是中医? 对我来说，它是生命哲学，是中国文化的一部分，包含了对人体运转的深刻理解和对人体机能的有效调节。食物疗法以及气功、太极拳之类的体育运动也是中医的一部分。有时候西医无法治疗的疾病，中医却可以有效地缓解病症。

几年前，我在山西脑瘫康复医院做翻译。在那里，来自不同国家的医生治愈了很多患有脑瘫的俄罗斯儿童。我还看到院长郭新志是如何工作的：我们每天早上 6 点半到医院，但她从早上 6 点就开始亲自为病人针灸了。很多孩子开始时不能走路，家长只能抱着他们，但是在接受针灸治疗、中医按摩并服用一些中药后，这些孩子能够自己走路回家了！这简直令人难以相信。我很钦佩郭院长的工作精神，更对中医心生崇敬。

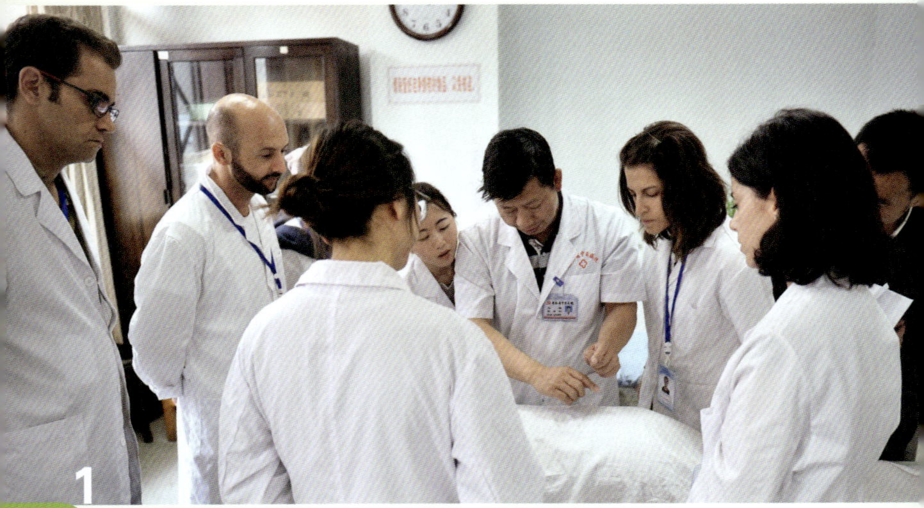

1

Chan Ivy Ya-Yuan [Belgium]

陈雅媛［比利时］

我在比利时上大学时，陪奶奶接受过针灸治疗。那是我第一次看到这种能治病的小银针，感到非常神奇。于是我产生了去中国学习中医和针灸的想法。大学毕业后，我决定去中国。爸爸建议我先上预科，看看自己感不感兴趣。

现在四年很快过去了，我已经读到了本科三年级。中医有悠久的历史，有成熟的医学理论体系，我每天都能学到新知识。中医的重点在于身体的阴阳平衡，中医能帮助你实现你真正想要的生活。它能促进人们身体、心理、情感和精神各个方面的调和。

1. 中国医生指导“洋中医”学习推拿手法
2. 推拿，又称按摩，是中医的一种物理疗法
3. 一名中医正在配药
4. 江西省一所幼儿园的小朋友正在学习中草药知识

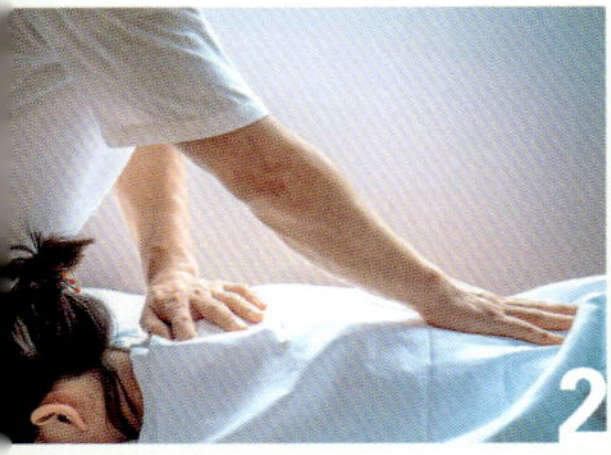

2

3

4

中餐

Sim Wui Lee [Malaysia]

沈薇利 [马来西亚]

当我第一次踏足中国，在清华大学的食堂看到我最爱的豆腐脑时，我开心极了，马上买了一碗。但当我吃下第一口后，整个人都不对了——怎么是咸的?当然，类似的情况还出现在我吃粽子、喝豆浆时。后来我才知道，原来中国南北方的饮食口味大不相同。

中国北方喜咸，南方喜甜，而湖南、四川和重庆则喜辣。悄悄告诉你，后来我到成都时，吃到的豆腐脑上面是满满的辣椒油！天哪！这下我才意识到原来人的刻板印象可以固执到难以接受一道菜在味道上的任何改变。但这也让我认识到一道菜可以有不同的做法，同样，每个人也可以有不同的想法。世界大不相同，我们要学会彼此尊重。

Stan Cristina Teodora [Romania]

欧朵拉 [罗马尼亚]

来中国之前，我只知道宫保鸡丁和北京烤鸭。在中国待了一年多以后，我发现中国菜丰富多彩，超乎想象，中国可以称为美食天堂。我敢肯定，在中国，即使是最挑剔的食客也能找到适合自己口味的食物，毕竟有八大菜系可供选择。就我个人而言，我更喜欢样子好看、味道偏甜的食物，因此江苏菜和广东菜是我的最爱。我不喜欢面条儿和太咸的味道，所以无法在北方生活。如果生活在四川或湖南，我可能会欲哭无泪，因为连那里的微辣我都接受不了。

Sandra C. Obiora [Nigeria]

思言［尼日利亚］

我曾在中国的很多城市生活过，也有机会品尝不同的美食，包括北方的烤鸭、饺子和街头煎饼，还有南方超级美味的米粉。而在四川成都的生活则是好上加好。

川菜可以用辛辣、烫嘴、多样、丰富、美味等词语来形容。甚至连四川街头小摊的小吃也都极其可口，比如军屯锅盔、成都肉夹馍和甜水面。虽然吃多了总担心会发胖，但是吃的过程让人特别开心。

四川火锅是味道之王，让你不知不觉就吃撑了。我们国家的人也喜欢辛辣的食物，因此川菜很合我的胃口。对我来说，川菜最好的一点就是它有特殊的香味，这让每一顿饭都更有吸引力。

如果你刚到四川，我建议你学习一下如何清楚地表达你想要的辣度。所有菜都可以做成从微辣到重辣的不同辣度，想吃什么味道完全取决于你自己！

1. 烹饪专业的老师正在向外国学生传授中餐烹饪技艺
2. 一名中国小伙子在莫斯科市中心开办了一家中餐馆

旗袍

Gulshan Sadullaeva [Uzbekistan]
爱华 [乌兹别克斯坦]

暑假去上海旅行时，我第一次乘坐了海南航空的飞机。虽然航班延误了很长时间，但是一上飞机我就被空姐们惊艳到了。她们都穿着祥云刺绣的中国旗袍，头上还插着一根银簪，显得沉稳而优雅。我当时就很兴奋："海南航空原来这么有特色！"

作为一个外国人，我一直很喜欢穿旗袍，我觉得旗袍是中国的国粹。穿着一身旗袍的空姐就是把中国服饰文化之美传递到全世界的最佳人选。因为她们代表着东方女子的形象，同时她们自身也是中国的一张名片。希望她们能让全世界更好地认识中国，也能让旗袍之美在世界上完美绽放。

Gulzat Dzhumalieva [Kyrgyzstan]
古丽 [吉尔吉斯斯坦]

中国旗袍在海外很受欢迎。旗袍既神秘又雅致，既含蓄内敛又妩媚动人。著名的法国设计师可可 · 香奈儿曾经说过，每位女性都需要一条小黑裙。我想说，每位女性都需要一件旗袍，我希望旗袍成为让每位女性爱不释手的必备单品。如果有人问我是什么时候开始对旗袍感兴趣的，我会马上回答："看了电影《花样年华》以后。"直到现在，那位穿着旗袍的女主角的形象还深深印在我的脑海中，她穿的每一件旗袍都给我留下了深刻的印象。

2015 年在北京语言大学参加培训班时，我买了一件青花色的旗袍，很漂亮。现在，我的学生也喜欢旗袍。每年学校举办中国文化日活动的时候，模特儿们的旗袍表演都是最精彩的节目之一。

1. 海南航空采用旗袍作为空姐的新制服
2. 一位设计师在制作旗袍
3. 旗袍特别能体现女性的端庄、温婉之美
4. 江西省 40 名村民以稻田为舞台，展示传统旗袍的魅力

熊猫

Sandra C. Obiora [Nigeria]
思言［尼日利亚］

来中国之前，我对熊猫的印象完全局限于《功夫熊猫》系列电影。记得当时每出一部新电影，我都和堂兄弟姐妹们一起去电影院看，还玩儿配套的电子游戏。中国传统的功夫动作以及熊猫的外形都给我留下了深刻的印象。

后来我获得了在成都的电子科技大学读博士的机会。这让我特别开心，因为我不仅能在四川生活，而且还能亲眼看到熊猫了。

有一年圣诞节期间，成都熊猫保护区为游客提供了一万多张免费门票，我是其中的幸运儿之一。熊猫基地有很多值得观赏的地方，有博物馆和不同的熊猫馆。我真的觉得我可以从早到晚一直看着可爱的熊猫滚来滚去吃竹子，丝毫不会感到厌烦。熊猫确实值得一看！这真是最好的圣诞礼物！

Cholthicha Singda [Thailand]

林杏玉 [泰国]

我对熊猫很感兴趣，也很想亲眼看看它们。我知道熊猫是中国的国宝，但是之前没在我们国家的动物园看过。后来我到中国留学，正好借这个机会去四川看了熊猫。它们一个个都胖乎乎的，非常可爱。熊猫的身体只有黑白两种颜色，它们最喜欢的食物是竹子。在四川到处都能看到熊猫雕像。

如果你想看熊猫，但是又没有时间去四川，那么你可以关注熊猫频道 iPanda。那上面有很多熊猫直播秀，熊猫迷可以了解熊猫 24 小时的生活，此外还有熊猫播报以及很多可爱的熊猫照片。熊猫频道还有适合外国人的英语版本。

尽管现在大熊猫数量不太多，但是每个人都对它们很感兴趣，并且努力用各种方式保护它们。现在还有很多国家向中国租借熊猫，这些租金都用在保护熊猫上了。

1. 2009 年 6 月 4 日，韩国女星宋慧乔受邀担任全球首位“亚洲熊猫爱心大使”

2. 大熊猫喜欢紧抱饲养员大腿

春节

Rizal Chandra [Indonesia]
张德贵 [印度尼西亚]

春节是中国最大的节日。这一天，大部分在外地工作的人都要赶回老家过节，这时，北京这样的大城市会变成“空城”，大部分饭店都会关门，只有很少的商店营业（前年春节我就是在宿舍吃麦当劳度过的）。

去年一个中国朋友邀请我去他的家乡江西省上饶市湖村一起过年，这是我第一次在中国农村过年。那里节日气氛很浓厚，人们都很热情，知道我是外国人后都热情地跟我交流。那里还保留着传统的春节习俗，比如贴春联、包饺子、守岁等。让我惊讶的是，我朋友的家人花几千块钱买了好多箱鞭炮。吃年夜饭的时候最让我感动，就好像在自己家里过节一样，他们特意为了我杀了自家养的鸡。2018 年的春节很温暖，我亲身体会到了中国人的热情好客。

1

2

Jorge Canalejas [Spain]

刘大树［西班牙］

我女朋友是成都人，所以我的第一个中国春节是在成都的农村过的。在那里，我深深地体会到了中国的春节气氛。我吃了很多很有农村特色的菜，还第一次品尝了当地好吃的甘蔗以及好喝的白酒。他们教我打麻将，我们还一起去买了除夕晚上要放的鞭炮。除夕那天，我和女朋友全家聚在一起，一边看春晚一边泡脚。一开始我觉得很尴尬，因为我在西班牙自己家里都不会泡脚，但是后来我也习惯了，因为这是她们家的习俗。看完春晚之后，我们开始放鞭炮，那一刻，全村都是震耳欲聋的鞭炮声，到处都是很热烈的节日气氛。第二天早上，按照中国的习俗，我穿上了新衣服，早饭吃了芝麻馅儿的汤圆。我觉得中国的春节很热闹、很温馨，我喜欢这样的感觉。

1. 2013 年，美国纽约唐人街举行春节游行活动，庆祝中国农历蛇年的到来
2. 全家一起包饺子是中国人过春节的传统习俗之一
3. 舞龙是春节期间的传统民俗活动

故宫

Veronica [Indonesia]

施爱红［印度尼西亚］

我和印尼、泰国、韩国、尼泊尔、俄罗斯的同学们第一次逛故宫时，一直不敢相信自己竟能亲眼看到马上就 600 岁的皇宫。这里是明清两代皇帝、皇后及妃子们的家呀！来到故宫，感觉就像穿越了一样！令我感到震撼的是，故宫真的好大好大，没有方向感的人很容易迷路。一踏进故宫，就能看到华丽的建筑。有皇帝工作、休息的地方，也有后宫皇后和妃子们住的地方，房间里还保留着古时候的布置，还有漂亮的御花园。真是历史感满满呢！

Sasing Nakorn [Thailand]

王光华［泰国］

泰国每年都要在全国范围内举行两次 PAT 7.4 考试，我们称为汉语高考，里面常常会考到关于故宫的中国文化知识。虽然故宫曾经是皇帝的住所，但是最后一个皇帝溥仪在中华人民共和国成立以后，也得像每位普通老百姓一样购买门票才能进去。在 21 世纪的北京，我这个青年“老外”也可以进入曾经的紫禁城了，真是很幸福！在故宫的淘宝店里，有很多“萌萌哒”又充满中国韵味的宝贝，据说这些宝贝的设计人员都是和我一样的 90 后，真想为他们点赞！我买了很多故宫“大明人物”书签，准备把这些来自故宫的礼物送给我泰国的师弟师妹们，告诉他们书签上每一个人的历史故事。

Jongjin Nilkumhaeng [Thailand]
陈宗真［泰国］

如果你是第一次来北京玩儿，那么不管你是中国人还是外国人，请一定要来故宫逛逛。故宫又称紫禁城，是中国明清两代皇帝居住的地方，有近 600 年的历史。如今这座皇宫是全世界规模最大、最完整的古代皇宫建筑群，宫中保留着 180 多万件藏品。1987 年，故宫被列入世界文化遗产名录。

游览故宫时，除了可以欣赏富丽堂皇的宫殿和精致的文物，购买故宫文创产品做纪念也是很有趣的事情。从皇帝、宫女到屋檐上的神兽，从宫殿上下的图腾到各种藏品的花纹都可成为故宫纪念品的设计灵感。除了具有文化和艺术价值的纪念品以外，还有很多适合日常使用的物品，如文具、杯子、衣服，还有女士感兴趣的化妆品。最近刚推出的“故宫口红”也很受欢迎，这些口红不仅质量好，外观漂亮，还能满足大家成为宫中美女的幻想呢！

太和殿是故宫体量最大、等级最高的建筑物

二十四节气

Anna Kijaniza [Germany]
安娜 [德国]

中央电视台科教频道（CCTV-10）曾邀请 5 名北京语言大学的留学生参与拍摄春分纪录片。能和他们在一起我感到很幸运。不过有点儿讽刺的是，当时我们当中没有人知道春分到底是什么。通过那次活动我们才知道，根据中国的农历，一年被分为二十四个节气，每个节气都有自己的名字、特点，甚至还有专门的民俗活动。

在中国古代，人们重视气候变化，节气广泛地应用于农业生产。比如，大暑标志着一年中最热的日子，霜降预示气温骤降。在拍摄过程中，我们知道了春分是二十四节气中的第四个节气，此时昼夜平分。在古代，春分期间皇帝会举行盛大的祭祀仪式，并伴有各种表演。随着时间的推移，皇帝消失了，传统的仪式也消失了。但为了保持这一传统，人们又发展出了许多新的习俗。

现在流行的春分习俗是和家人一起玩“立蛋”（把鸡蛋竖立在桌子上），和孩子们一起放风筝，吃一些有特色的春季美食，用天然材料制作工艺品。由于城市化的快速发展，二十四节气与农业的联系在一定程度上有所减弱，但幸运的是，二十四节气作为中国独特的历史遗产仍然保留了下来。我们在中央电视台拍摄的纪录片就是一个很好的证明。

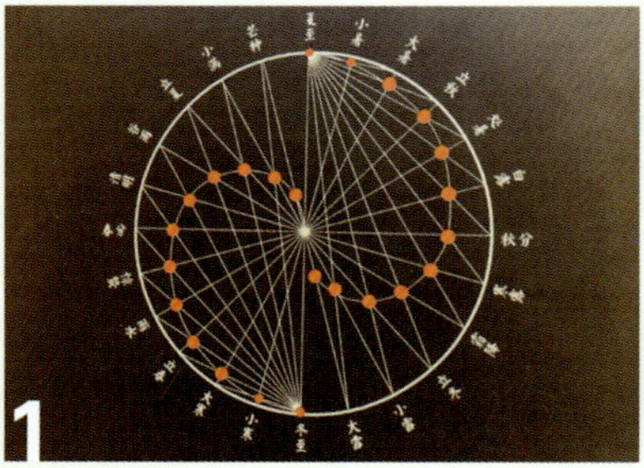

Yong Jing Ying [Malaysia]
杨靖莹［马来西亚］

身为马来西亚人的我，在看到二十四节气的时候不禁会联想到二十四节令鼓。这是一种结合了二十四节气、书法、广东狮鼓的表演，但是我一直都不太了解二十四节气的具体作用是什么。说是划分气候，但身处四季如夏国家的我并没有明显的感受；说是划分节日，我还可以赞同，毕竟清明节确实是二十四节气划分的结果，但其他的节气真的形同虚设。

来到中国之后，一切都不一样了，我开始根据不同的节气预测接下来的天气。看到立春就知道春天来了，该去拍美美的照片了；看到立夏，哦吼吼，惨了，要开始接受夏天的折磨了；看到立秋，哈哈，夏天要结束了，简直太棒了；看到立冬，就知道冬天到了，要开始准备御寒的衣服了。我终于体会到了二十四节气的强大作用。

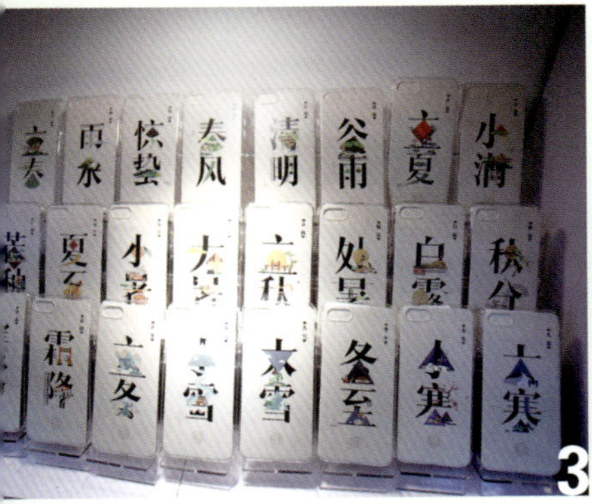

1. 二十四节气图
2. 踏青、放风筝是清明节气时人们喜爱的活动
3. 以二十四节气为主题设计的手机壳
4. 茶农正在炒制“谷雨茶”，也就是谷雨时采制的春茶

网络文学

Anna Kijaniza [Germany]
安娜 [德国]

来到中国后，我被网上提供的大量文学作品所吸引。不管是免费还是付费，网络文学作品的阅读或下载都很方便，这让我有了很多的机会练习汉语。我经常从中国朋友那里了解到最近流行哪些作家，他们在网上又发布了什么小说，这些小说也是我们聊天儿的热门话题。比如唐家三少、天蚕土豆、唐七公子等作家和他们的作品，都是我来中国之后接触到的。

网络文学现象在中国可以算是一场革命。官方的统计数据也证明了这一点：中国有差不多一半的互联网用户（约 3.33 亿人）阅读网络文学。传统上，书稿必须经过出版社严格的审读和编辑才能正式出版；但是有了网络以后，几乎所有的作品都可以通过文学网站、个人博客或聊天工具直接发布。一旦在网络上取得成功，获得大量读者，网络文学作品就会以书籍的形式出版，然后被改编成电视剧、动画片或开发成网络游戏，比如《鬼吹灯》《斗破苍穹》《三生三世十里桃花》等。

网络文学的市场价值也是巨大的，比如 2018 年的统计数据说，2017 年的网络文学以及由此衍生出来的电影、电视剧、网络剧、网络游戏和动画等市场的规模突破了 6000 亿元人民币。真希望有一天我们国家的网络文学也能像中国一样发达。

1. 2015 年，网络小说《琅琊榜》改编的电视剧播出后，好评如潮，网络播放量超过百亿次
2. 由网络小说改编的电视剧《择天记》举行发布会
3. 2010 年上海书展上，观众在原创文学网络“起点中文网”展台前阅读最新作品

Ramziya Fazdalova [Russia]
费兰花［俄罗斯］

随着当前中国互联网的不断发展，网络文学逐渐兴起并迅速发展。网络文学已经被大众所接受，对网络文学的研究也越来越多。与此同时，地方政府也将网络文学纳入社会科学课程范围。在中国，有超过 3.3 亿人（即大约四分之一的中国人）阅读奇幻、武侠、穿越等多种类型的网络小说。

我的朋友王艳杰说，读网络小说就像吃快餐（她有时边在网上看小说边吃快餐），能获得快速和即时的满足感。她每个月花大约 20 到 50 块钱在起点、红袖添香、榕树下、晋江文学城、小说阅读网等在线小说门户网站上购买 VIP 账户，她还花钱给最喜欢的作家买虚拟礼物。当然，这一切都是通过网络进行的。

中国很多热门的电影、游戏、网络节目和黄金时段的电视剧，如《琅琊榜》《盗墓笔记》《鬼吹灯》和《择天记》等，都是由网络文学改编的。其实，不管是网络文学还是传统文学，我觉得，只要是好看的、有价值的文学就是好文学。

植树造林

Rosalia Wihal [Indonesia]
黄莉香 [印度尼西亚]

现在许多组织都倡导环保督查、绿色发展的理念，并号召大家参与绿色运动，而中国早已把这一理念付诸实践并积极推广绿色运动。中国如此密切关注环境保护令我惊叹。作为在中国生活的外国人，我也很自豪能有机会参与其中。

我觉得支付宝是我用过的最好的应用程序，它通过“蚂蚁森林”为绿色运动做出了巨大贡献。我第一次知道这个功能是在地铁里，当时一群中国年轻人聊天儿时提到“我收了你的能量”，于是我对这个功能产生了好奇，后来甚至沉迷其中。收集能量，然后帮助某个地方种树的感觉特别棒，甚至还能获得证书。除了植树证书带来的自豪之外，与朋友比赛收能量也很有趣。只有早

1. 2019 年 4 月 22 日，蚂蚁金服负责人在甘肃省敦煌市的蚂蚁森林春种现场进行宣讲

起，能量才不会被别人偷走。要想获得更多的能量，就得坐地铁或骑自行车，还要做很多别的有意思的事情。想到大部分中国人甚至很多外国人都在用这个功能，我就特别高兴。我们的地球将变成绿色的家园！

中国重视环境保护并在这方面做出了巨大努力，这是非常值得赞扬的。正如美国国家航空航天局（NASA）在推特中提到的那样，中国人的行动为地球的绿化做出了巨大贡献。感谢中国让我们的世界越来越绿！

NASA
@NASA
关注

Good news for green thumbs: The world is a greener place than it was 20 years ago. Data from @NASAEarth satellites shows that human activity in China and India dominate this greening of the planet, thanks to tree planting & agriculture. Get the data: go.nasa.gov/2N10aW6

2. 宁夏回族自治区的妇女正在干旱的土地里植树，退耕造林

绿水青山

Keaghan Strang [Canada]
李云起［加拿大］

我曾在优兔（YouTube）上看过一个关于中国绿色发展的视频。作为拥有全球五分之一人口的发展中国家，中国的发展为全球的环境保护和治理做出了极大的贡献。那个视频里介绍了中国政府治理水污染和空气污染的一些举措，让我特别惊叹。

我的中国朋友告诉我，中国的传统哲学主张人与自然和谐发展，而不是人类征服自然，这些哲学观点早在两千多年前老子和庄子的学说中就已经体现出来了。我曾去过中国的杭州和苏州，这两个城市的规划和设计十分合理，可以说是人与自然和谐共生的宜居之所，也吸引了很多人才在这里工作和生活。这大概就是习近平主席说的“绿水青山就是金山银山”的具体体现吧。

1

1. 重庆市的大石板梯田在绿树掩映下就像一幅画
2. 苏州园林是人与自然和谐统一的典范

Tan Li Yu [Malaysia]

陈立瑜 [马来西亚]

沙漠化问题是中国西北地区的大问题，中国政府非常重视这个问题，这些年的治理工作也颇有成效。

前不久我刚去了趟陕西榆林，看到满山的防护林，实在惊叹。“绿水青山就是金山银山”这话一点儿都不夸张。导游开玩笑说：“十年前，这里一刮风便是大把的沙子飘在空中，现在想看沙子都看不到了。”行至榆林红石峡，对比手中1908 年美国探险家克拉克拍摄的照片，我发现原来光秃秃的砂岩周围现在已经覆盖上了茂盛的植被，可见治理效果显著。榆林古城亦是如此，已不再是一片沙土。实际上，沙漠化问题是自然力量所致，康熙年间就有“人力不胜风力，奈散难聚易何”之叹，而今天中国竟然能让这里变成绿地，确实应该点赞！

3. 浙江省湖州市安吉县风景秀丽

蓝天保卫战

Kyaw Zin Htet [Myanmar]
陶德年［缅甸］

还记得 2014、2015 年左右，北京的雾霾真的很严重，感觉整个冬天都是在灰蒙蒙中度过的。2017 年中国总理李克强在政府工作报告中提出了“蓝天保卫战”的行动计划。对于这场攻坚战，报告还给出了明确的“作战方案”——科学施策、标本兼治、铁腕治理。

从 2017 年冬天开始，我明显感觉到北京的蓝天白云越来越多，雾霾天越来越少，空气质量明显提高了。这场蓝天保卫战可谓打得漂亮！空气污染是经济发展过程中无法避免的一道难题，很多发达国家都曾遇到过。中国政府非常重视这个问题，并且采取很多措施努力控制环境污染，如今中国治理雾霾的成绩令人惊叹。本科毕业那年，因为雾霾我差点儿选择回国；现在我快硕士毕业了，却越来越舍不得离开北京，不仅因为这里生活便利，还因为这里的环境越来越好。

衷心希望中国的发展越来越好，能处理好环境与发展的关系，处理好发展质量与发展速度的关系，为周边国家甚至全球树立榜样。

1. 2014 年 10 月 5 日和 10 月 25 日，北京雾霾中和蓝天白云下的奥林匹克公园

2&3. 蓝天白云映衬下的颐和园（图 2）和天坛（图 3）

4. 甘肃敦煌的支付宝蚂蚁森林春种现场

奥运会

Zhanar Toktarbay [Kazakhstan]
嘉娜尔［哈萨克斯坦］

说到北京 2022 年冬奥会，我对它有两种感情：第一种是羡慕，因为当时与北京争夺冬奥会主办权的就是我们哈萨克斯坦的阿拉木图市；第二种是激动，因为从 2003 年开始，在大学学习的我就多次担任哈萨克斯坦体育与文化部汉语志愿者，并先后担任过中国摔跤、举重、跆拳道、柔道、击剑及艺术体操队的汉语翻译。在 2017 年阿拉木图世界大学生冬奥会上，我更是担任了中国队的领队兼翻译。

在激烈的比赛之余，我也与中国队建立了深厚的感情。最让我难忘的是每次中国体育代表队退房时，运动员都是自己打扫房间，从叠被子到摆放毛巾，一切都整整齐齐。虽然每次中国队都是几十或几百人的大队伍，但是退房总是最快的，这也得到了宾馆服务人员和体育赛事组织者的夸赞。他们的体育精神和团队精神也深深地打动了我。

北京冬奥会马上就要来了，我希望自己也能在北京当一次志愿者，为世界各地的运动员服务，为北京冬奥会贡献自己的力量！

1. 2008 年 8 月 8 日，北京奥运会开幕式在鸟巢举行
2. 北京奥运会开幕式的焰火表演给大家留下了深刻的印象
3. 水立方是 2008 年北京奥运会的主游泳馆
4. 太舞滑雪小镇位于河北省张家口市崇礼区，是 2022 年北京冬奥会比赛主场地之一
5. 鸟巢是 2008 年北京奥运会的主体育场

乒乓球

Phumrapee Pandam [Thailand]
李杰［泰国］

运动的魅力在于它让全世界的人不用语言也能相互交流，素有“中国国球”之称的乒乓球也是如此。乒乓球是非常流行的一项运动，对场地要求不高，规则也很简单。但是这项“简单”的运动给无数人带来了欢乐，也让很多专业运动员走上了人生巅峰，同时也为他们的祖国争得了荣誉。

一说到中国乒乓球，我就会回想起 2008 年北京奥运会那场男单决赛。当时马琳和王皓争夺男单冠军。现在想起那场精彩的比赛还让我热血沸腾，激动不已。尽管最终比分是马琳以 4 比 1 取胜，但比赛的过程远远比 4 比 1 这个结果扣人心弦，而且每局的比分都很接近，最后马琳总共只赢了 5 分。

我十分喜欢乒乓球，也更佩服那些敢打敢拼、永不放弃的乒乓球运动员。

1. 中国乒乓球名将孔令辉

Matsuda Kazuki [Japan]

松田一辉［日本］

我 10 岁的时候开始打乒乓球。来到中国之后，我每个周末都跟中国和日本的朋友一起打球。

2000 年悉尼奥运会，我在电视上看到孔令辉拿到了乒乓球冠军，从那时起，我就开始崇拜他了。后来，爸妈送给我一块孔令辉奥运金牌的仿制品，我特别珍惜。22 岁那年，我在环东南亚旅游时，碰巧赶上吉隆坡正在举行乒乓球世锦赛，我就问马来西亚的朋友能不能帮我买一张票，因为我想见孔令辉。

最后，我终于如愿进入了比赛场地，亲眼见到了我崇拜已久的孔令辉。当然，那次比赛，中国队打败了日本队。虽然我看见孔令辉非常开心，可是日本队输了，我的心情还是有点儿复杂。

为了取得更好的成绩，我现在每天都努力练习打乒乓球呢！

2. 中国乒乓球女将丁宁

姚明

Mohammed Ahmed [Algeria]

艾哈迈德［阿尔及利亚］

姚明对篮球文化的影响远远超过了他在球场上的成就。姚明的人气很高，无论火箭队在哪里比赛，他都能吸引大批观众到现场观战。他的比赛视频还在中国和其他亚洲国家播出，观看者很多。姚明还深受媒体青睐，有不少公司都找他代言。很多阿拉伯媒体都写过关于他的文章，阿拉伯国家也有很多他的球迷。我特别佩服姚明，真希望能有机会再见他一面。

Noh Kyunghee [South Korea]

鲁敬熙［韩国］

说起中国的篮球明星，我和许多人一样，第一个想到的就是姚明。1998 年姚明入选中国国家队，开始了自己的篮球生涯。后来他参加 CBA（中国职业篮球联赛），得到了各种奖项。在 2002 年 NBA（美国职业篮球联赛）选秀中，他以状元的身份被休斯敦火箭队选中，于是就有了后来的“姚麦”组合。姚明是 NBA 赛场上表现最好的中国球员，在火箭队稳坐首发，也是队中的强势得分手。

2011 年姚明正式宣布退役。退役后，他就开始致力于推动中国篮球事业的发展，购买球队，后来还当选为中国篮协主席和 CBA 公司董事长，继续为中国篮球事业做贡献。

我认为姚明是一个值得学习的人。打球受伤时，他没有选择放弃，而是继续为球队拼搏。他代表着中国，也代表着亚洲，在 NBA 打篮球的他，证明了亚洲人的力量和坚韧。退役后，他继续为国家奉献自己。这种拼搏、爱国、奉献的精神是值得我们每一个人尊重的。

Hamza Al-Fathle [Jordan]
韩达［约旦］

姚明是 NBA 历史上获得巨大成功的中国球星。他八次入选 NBA 全明星阵容，参加过五次全明星赛，是一位非常出色的中国球星。他让中国人更加了解 NBA，也让中国人更加喜爱篮球这项运动。姚明为中国篮球运动的发展做出了突出的贡献。诚然，身高是姚明的优势，但我从他身上看到更多的是中国人努力拼搏、不服输的个性。姚明促进了中国和外国体育界的交流，他让世界更加了解中国，也让中国更加了解世界。

1. 2008 年北京奥运会上，姚明担任中国代表团旗手
2. 姚明曾效力于美国职业篮球联赛（NBA）休斯敦火箭队
3. NBA 赛场上的姚明

微博

Gulshan Sadullaeva [Uzbekistan]

爱华［乌兹别克斯坦］

我用微博已经两年多了，我经常把它当作学习工具，因为大部分微博用户都是中国人，相关的中文话题很丰富，而且很多内容都能够引人思考。我每天都可以浏览到中国的热门话题，这让我可以更深地融入中国社会。除了看热点新闻之外，我还可以随时用微博记录自己在中国生活和留学的感受，并得到中国粉丝的评论和关注。在微博上我已经有 5000 多个粉丝了，这也给我带来了不小的成就感。

Yong Jing Ying [Malaysia]

杨靖莹［马来西亚］

微博简直就是我的快乐源泉，每当我无聊的时候，都会去刷一刷微博，每次热搜排行榜上都会有吸引我的话题，一些是可以引人深思的社会话题，一些是有趣好玩儿的娱乐话题。在微博上，我还经常与网友们讨论各种热门话题，每个人提出自己的观点，再看看其他人的观点，大家你一言我一语，感觉很热闹。特别是每次心情不好的时候，看一看微博好笑的话题就能够抚慰我的心灵了。

1. 微博的标识是一个大眼睛，寓意“世界在你眼中”

2. “微博之夜”源自 2003 年开始的新浪网络盛典，现已成为体现网民意志、代表主流网络文化的一场网络盛宴

微信

Nechyparuk Darya [Belarus]
达莎 [白俄罗斯]

微信的出现改变了现代生活，它不仅是一个社交软件，也是一个庞大的金融体系。我们可以用微信进行支付、转账、网购等。在中国，现在几乎所有的地方都接受微信付款。我们不用带现金，只需要一部手机，保证里面有足够的钱就行了。

我们也可以在朋友圈分享喜悦和悲伤，还可以上传一些有意思的视频、照片、链接和歌曲。公众号则为我们提供了各种各样的信息。

作为一个生活在中国的外国人，我可以用微信给家人发信息，与他们语音或视频通话。微信帮我节省了很多钱，这对外国学生来说特别重要。

Berdiyeva Lale [Turkmenistan]
花语嫣 [土库曼斯坦]

对于外国人来说，“微信”带来了一个全新的概念。它不是一个普通的软件，有了它，我们办事、支付各类费用都很方便。买东西的时候扫一扫就可以支付，不用随身携带现金，也不用等服务员找零钱了。有了微信，旅游、吃饭、转账都更方便了。高铁票、飞机票都能在微信上提前买好。打车也可以用微信，这比在马路上直接打车体验更好，而且更便宜。总之，微信是一个很便捷的手机应用程序。最让我感动的就是，跟中国人一样，我们外国人也能使用微信。

Li Vien [Malaysia]
李俐雯［马来西亚］

微信每月的活跃用户超过 10 亿，无疑是中国最受欢迎的社交工具。微信不只是普通的聊天儿程序，它本身就是一个生态系统，能够满足生活中的许多需求，包括移动支付，叫车，叫外卖，预订火车票、机票和酒店，购买电影票，医院挂号，支付水电燃气费，订阅公众号，玩儿游戏，等等。微信提供了诸多便利，中国人和居住在中国的外国人都离不开它。如果只能在手机上保留一个应用程序，那么我会选择微信。

现在即使像瓦次艾普（WhatsApp）和脸书（Facebook）这样的全球科技巨头也开始向微信学习。大多数社交媒体类应用程序都在努力延长用户的活跃时间，微信背后的策划者张小龙则恰恰相反。他认为，使用时间不一定反映应用程序的价值。他的目标是创建一个高效的应用程序，用户可以在最短的时间内获得所需的信息，然后放下手机，回到现实生活。我认为微信的伟大之处正在于张小龙坚持的这种人性化的方法和简洁的价值。它不断提醒我们，微信是一种工具，而不是一种嗜好。

1

2

1. 微信启动页面是一个人站在另一个星球上仰望蔚蓝色的地球
2. 微信图标由两个聊天儿气泡组成

自媒体

Ramziya Fazdalova [Russia]
费兰花 [俄罗斯]

每天我都能看到中国人把大量时间花费在微博、微信、优酷、抖音、百度贴吧等应用程序上，线下还经常讨论这些东西。这些应用程序作为传播信息和发布新闻的平台，已经成为信息和教育的主要来源，宏观或微观层面发生的一切都会第一时间出现在这些自媒体平台上。中国自媒体的主要特点是每个人都可以自由地创建、传播和分享信息。这意味着只要有平台和粉丝，每个人都可以成为自媒体制作人，对社会产生或大或小的影响。中国人利用这些平台发布他们看到的、听到的、想到的东西。值得注意的是，现在我和中国朋友见面的时候，开场白常常都是“我在微博上看到一个故事……”或者“我看你发了一条朋友圈……”

中国社会本身是开放的，人们喜欢分享自己的生活，讨论娱乐话题、人际关系、体育、政治、科技、食品、时尚。他们不仅关注朋友、同事和亲戚的消息，还关注并讨论社会热门话题。中国人非常了解舆论的力量，公众甚至可以在某种程度上影响决策者，所以这些媒体也成为解决问题的辅助平台。这使得政府更加了解人民，官员们不能忽视普通民众的话语和感受。许多社会问题和个人问题得到解决，也要归功于它们被发布到这些平台上，从而引起了广泛的争论和公众关注。比如有一段时间，高铁占座的视频引起了网友的强烈不满，大家纷纷在微博上谴责这些不讲道德的人。后来，铁路部门对这些占座的人进行了罚款，并把他们列入“黑名单”，限制他们乘坐火车。可见自媒体的力量真是越来越大了。

---

1. 2016 年 11 月 3 日，微博原创视频博主、搞笑视频自媒体 Papi 酱在美国洛杉矶南加州大学发表公开演讲
2. 2017 年 2 月 28 日，腾讯在北京发布芒种计划 2.0，宣布给自媒体内容创作者提供 12 亿的资金扶持

Anna Kijaniza [Germany]

安娜［德国］

我完全无法想象没有自媒体的现代生活。我每天都要使用微信、微博和其他社交网络，或者与朋友分享新动态和图片，或者寻求建议。我把它们用在工作、学习、休闲和生活的各个方面。我的微博账号拥有 3000 名粉丝，这相当于德国一份小镇杂志的粉丝数。通过这种方式，我觉得我可以影响人们的观点，让他们知道一些对我来说很重要的事情。当然，如果我认为一些信息是假的，那么我也会明确地表示反对这些信息。

在中国，我经常使用微信发朋友圈。作为一个热爱中国的德国留学生，很多朋友都想更多地了解我的日常发现和看法。我是人类学专业的，经常去偏远的地方旅行，通过朋友圈，我希望让我的中国朋友更多地了解他们自己国家的多样性和外面的世界。对一些人来说，这是一种灵感；对另一些人来说，这又是一个可以谈论的话题。

对我来说，每天阅读微信的朋友圈也是对朋友们的生活非常宝贵的观察：我可以看到他们喜欢做什么、看什么、读什么，等等。这样，距离就变得不再重要了，整个世界都已经紧密地连在了一起。

1

2

短视频

Yeo Sera [Australia]
吕瑞拉 [澳大利亚]

现代社会似乎进入了粉丝经济时代，在中国，短视频平台对人们的影响越来越大，很多人，特别是 90 后、00 后等年轻群体，更喜欢拍短视频。所以一些短视频平台发展很快，比如抖音、快手、微视和火山小视频等。

人们可以在短视频平台上看到各种各样的内容：有唱歌的，有跳舞的，有教美容、教烹饪的，还有记录日常生活的，什么都有。除了观看短视频，人们也会通过点赞和评论表达自己的喜好和想法，并跟博主互动。

2018 年 10 月，我注册了两个抖音账号（“瑞拉忘年恋”和“年轻姐瑞拉”），才发了 3 段视频就有了 6 万粉丝，第一个视频的播放量达到 1500 万，那时候我就感受到了短视频平台对中国人巨大的影响力。现在，我的粉丝已经有 120 万了！

总之，不管是发布还是浏览，短视频都成了人们的一种生活方式。有表达欲的人通过这种形式表达自己，并把它作为一种兴趣和工具，更多的人把看短视频当作一种娱乐和放松的方式，当然，也有人利用这个平台学习新知识。

1&2. 抖音和快手是中国现在很受欢迎的短视频平台
3. 一名在江苏留学的外国学生正在拍摄抖音搞笑视频

Kokolevskii Vladislav [Russia]

伏拉夫［俄罗斯］

我的抖音账号就是我的名字“伏拉夫”，我玩儿抖音快 9 个月了，吸引了 230 多万粉丝，最多的一个视频有 7000 多万的播放量和 300 多万的点赞。

玩儿抖音说简单也简单，说难也很难。说简单是因为虽然很多人没有粉丝基础，没有团队，但是随便发一个作品就火了，就能得到几万、几十万甚至几百万的点赞。说难是因为它需要掌握一定的技巧和方法。因为我的俄罗斯老家靠近中国黑龙江，我从小就开始接触中国文化，我在抖音上的人设就是一个会说中文、了解中国文化的中国通，我会跟大家分享我在中国的很多事情，所以很多人都喜欢看我拍的短视频。

现在，抖音是流量最多、用户最多的短视频平台，快手、腾讯的微视、百度的全民小视频等平台也都在迅速发展。我觉得短视频是未来的一个发展趋势。在文字时代，人们通过文字了解某一个产品、某一个人、某一件事，然后发展到了图片时代，现在应该是短视频的时代了，因为它能让人更快、更轻松地了解信息。如今，人们可以通过短视频做很多事，比如接广告、做宣传、卖商品、做培训，等等。新时代来了，传统商业模式会慢慢被淘汰，如果你想跟上潮流的发展，那你一定要学会使用抖音或其他短视频平台。

黄金周

Ramziya Fazdalova [Russia]
费兰花 [俄罗斯]

如果你在中国生活过一段时间，那你肯定经历过黄金周。每年的第一个黄金周是 1 月或 2 月的春节，第二个是 10 月初的国庆节。在黄金周期间，人们可以享受 3 天带薪假，通过调整前后两周的周末，就能拼凑出整整一周的假期。

那么，在如此令人期待的黄金周内中国人会做什么呢？一个简单的答案就是旅行，主要是国内游，它对国家经济发展的影响特别大。黄金周期间，酒店价格更高，航班价格也大幅上涨。春节黄金周尤为明显，高档餐厅也常常被订满，旅游景点更是人满为患。火车站排起长队，铁路系统更加繁忙，公路上堵车现象也十分严重。实际上，黄金周期间所有的生意都很火爆。一些商场、超市和餐馆都有节日促销和折扣活动，有的甚至会延长营业时间。唯一不好的一点就是到处都是拥挤的人群。但是黄金周嘛，要的就是热闹的庆祝活动和集体狂欢的气氛。

1

2

Phu Pwint Ko Ko [Myanmar]
张梅芳［缅甸］

我在中国待了两年了，经历了四次中国的黄金周。黄金周是指每年的春节与国庆节长假。长假期间，人们会和家人聚在一起吃饭或全家一起到国内外各地旅行。可以说，黄金周是一家人团聚的日子。从经济方面来说，黄金周是旅游业、零售业和餐饮业等的消费集中期，是商家赚钱的商机。对我来说，黄金周是非常宝贵的经历。有一年，我参加了学校安排的春节活动，了解了不少中国的传统习俗，体验了中国的传统艺术，比如水墨画、传统剪纸、书法等。我们还亲手包了饺子。对外国人来说，春节是体验中国文化的好机会。

今年正好是中华人民共和国成立 70 周年，这个国庆节，我还在电视上看到了盛大的阅兵仪式。强大的武器装备、整齐有力的步伐，中国军人给我带来了巨大的震撼。以后的黄金周我打算去中国各地旅行。我要好好珍惜黄金周假期，了解更多的中国文化。

1. 2019 年五一小长假期间，成都锦里与宽窄巷子景区游客众多
2. 2018 年国庆黄金周最后一天，来北京颐和园游玩的游人依然络绎不绝
3. 2019 年春节黄金周期间，澳门大三巴牌坊前游人如织

出境游

Ramziya Fazdalova [Russia]
费兰花 [俄罗斯]

随着中国经济的快速发展，人们的收入水平不断提高，中国人对外面的世界越来越感兴趣，出境游渐渐成为常态。

2010 年我第一次来到中国，就和中国朋友讨论了跨文化经历。当时他们大多从未到过国外，更喜欢在国内旅行。但是现在情况不同了，我的中国朋友开始到世界各地旅行，利用周末时间就可以去日本、韩国、泰国、新加坡等周边国家。有意思的是，2015 年我去首尔免税店的时候，很多导购不会说英语，但都会说汉语。

中国人还喜欢去美国、英国、法国、澳大利亚和新西兰等国家。如果你去欧洲，不管是意大利、挪威还是西班牙、荷兰，餐厅都会提供中文菜单，商店的服务员也会讲普通话，这也证明到访的中国人数量之多。许多路标、机场广告牌、飞机杂志上都有中文，为中国人的旅行提供了便利。另外，在微信上，你可以找到你想去的任何国家和地区的信息和介绍，还有经验丰富的旅游达人撰写的住宿、就餐和购物的详细攻略。关于世界多样性和变化的话题在中国非常普遍，人们已经有了足够的旅行经验来分享、辩论、讲述和比较。游历过那么多国家后，中国人的思维更加国际化，视角更加广阔。他们鼓励彼此开阔视野，体验别人的生活方式，了解不同的文化。

1. 青岛机场出入境边防检查站的民警正在指导旅客自助通关
2. 上海签证申请中心门口聚集了众多前来办理签证的市民

Gregory Veeck [America]
魏克恭［美国］

据麦肯锡公司统计，2017 年，中国公民在海外旅行超过 1.31 亿人次。新华社报道，2018 年，中国公民出境游人数近 1.5 亿人次，比上年同期增长 14.7%，中国已成为世界上最大的出境游客源国。按人均统计，中国成为美国和欧盟等主要目的地国的最大消费者。麦肯锡预计，到 2020 年，中国公民出境游将超过 1.6 亿人次。中国出境游市场也是增长最快的，最近几乎每个国家都利用营销推广和促销活动吸引中国游客前来度假参观。

四年前我第一次去莫斯科时，看到克里姆林宫、圣巴西尔大教堂、列宁墓和其他主要景点前排队的几乎都是中国人，他们的精力和热情让我赞叹。在威尼斯，几乎所有中国游客都会去坐一坐历史悠久的贡多拉。几年前在佛罗伦萨，我在一群中国人中间排队，等待参观大教堂，他们好心地告诉我我买错票了，让我不用再白白多等一个小时。真是一次有趣的经历！

1

2

广场舞

Sohail Raza [Pakistan]
苏海尔［巴基斯坦］

我在中国的生活充满了快乐的回忆，这份回忆与欢乐的广场舞有关。某个怡人的下午，微风凉爽，阳光和煦，我在城里散步，欣赏春天美丽的花朵。然后我就听到了节奏欢快的音乐，看到有人穿着鲜艳的服装在广场上跳舞，我立刻被吸引住了。她们都是普通人，舞蹈动作自然又好看，还不时变换队形。我觉得看她们跳舞非常享受，所以结束时热烈地鼓掌、吹口哨。看到我这么捧场，她们表示了感谢，并邀请我加入。她们教了我几个舞蹈动作，下一轮我就开始跟着一起跳了。

没想到这次经历这么有趣。舞步富有节奏，舞蹈队里几乎每个人都来教我怎么跳。舞蹈强度不大，所以既能促进心血管健康，又不会让人感到疲惫。每个人在队伍里都有自己的角色，有的吹笛子，有的打鼓。我也打起了传统的中国鼓，大家都特别喜欢看我跳舞和打鼓。经过那次有趣的尝试，我经常去不同的地方跳广场舞，大家也都特别喜欢看我跳不同的舞步。我觉得中国人对外国人的善意也是中国宝贵的文化。

Alfred C. Tam [America]

谭思敬［美国］

我的妻子来自中国大连。多年前我第一次去探望她的父母时，他们向我介绍了广场舞。晚上 7 点，优美的音乐开始播放，来自周围小区的数百人聚集在外面的广场上，排成整齐的队伍，动作一致地跳起舞来。我本来以为那天晚上有什么大事发生，但妻子告诉我，这实际上是小区的惯例，每天晚上都是如此，大家聚在一起跳跳广场舞。我对他们的热情和团结感到非常惊讶。

我妻子在德保罗大学任职。去年她们学校举办了一场春节晚会，汉语班的学生跟着歌曲《小苹果》跳起了广场舞。看到这些美国学生表演真正的广场舞，我又一次感到非常惊讶。那首歌旋律简单，容易上口。我四岁的女儿特别喜欢这个节目，晚会结束后甚至还要在优兔（YouTube）上一遍又一遍地反复看。直到现在，这仍然是我女儿最喜欢的歌舞节目之一，晚上睡觉前她甚至还经常跳这个舞。这既能让她锻炼身体，还能让她跳累了去睡觉，何乐而不为呢?

Anna Adamyan [Armenia]

安娜［亚美尼亚］

四年前，我到南京刚一个月，第一次看到中国妇女在户外跳舞，当时我想：“她们为什么在公共场所跳舞? 这是什么活动?”第二天，我看到她们又在同一个地方跳舞，我又想：“不错，比待在家里看电视剧好。”第三天，我就加入进去学习舞蹈动作了。我清楚地记得刚开始我的朋友还嘲笑我，但没多久她也加入进来了。大多数外国人第一次看到广场舞肯定都是这样的反应，但我花了好几天时间才明白跳广场舞的文化意义和重要性。这是一种健康的生活方式。我希望我们国家的中老年妇女也能出去跳跳广场舞，而不是坐在一起聊八卦。然而，个别朋友说广场舞音乐很吵，会打扰到别人，但是对我来说这才是真实的生活。没有什么是完美的，不管对忙碌的人还是无聊的人来说，跳广场舞都是一种很好的锻炼。

Gulzat Dzhumalieva [Kyrgyzstan]

古丽 [吉尔吉斯斯坦]

我最喜欢看“网红奶奶”跳广场舞了，她的视频我经常要反复看好多遍。被网友称为“灵魂舞者”“广场舞王者”的这位奶奶真是天生的舞者！她的动作潇洒迷人，再加上独特的表情，真是太吸引人了！关键是她很享受、很快乐。我很喜欢中国的广场舞，它让老人们活得更健康、更开心。

1. 北京北海公园，大妈们每天都来跳广场舞
2. 无论是白天还是黑夜，广场上都能看到跳舞的人群
3. 浙江省一位 80 岁的广场舞达人录制了一些跳舞视频发布到网上，成了“网红”

Demchenko Kseniia [Russia]
西娜［俄罗斯］

我在中国经常跳广场舞。每天晚上，中国每个城市的广场上都有人跟着音乐的节奏跳舞。跳广场舞的通常是中老年妇女，但任何人都可以加入。每个队伍里都有一位老师教动作，即使你以前没跳过舞也没关系，入门很简单。

我对自己第一次跳广场舞的经历印象很深刻。那时候我还不怎么会做动作，有一位跳舞的老奶奶看见我以后热情地邀请我加入并且教我怎么跳。作为一个外国人，我感到很温暖。后来，我取得了很大的进步，还跟她们成了朋友。我看到欧洲国家有类似的舞蹈，但都是年轻人在跳，而不是中老年人。跳广场舞是消磨时间的好方法，不仅有利于健康，还能和别人交流。欧洲的许多老年人都感到孤独，有些甚至不得不服用抗抑郁药。我认为跳广场舞是让人心情舒畅的好方法。来中国跳广场舞享受生活吧！

2

3

春晚

Kim Kyungsim [South Korea]
金京心［韩国］

韩国和中国有很多相同的文化，尤其是传统节日，如端午、中秋、清明、春节等，我们和中国人的风俗习惯是一样的。

中国最重要的传统节日是春节。春节时，全家人要在一起吃团圆饭。大部分中国人习惯在吃完团圆饭之后，全家一起坐在电视机前看春晚，边吃零食边看节目边讨论。看春晚慢慢成了中国特有的一种除夕文化。我们韩国没有像春晚一样可以让全家人一起看的节目。我觉得春晚最有意义的一点是，可以让全家人有机会坐在一起守岁，增进家人之间的感情。

春晚节目通常有舞蹈、歌曲、小品、相声等。其中我最喜欢的是小品。小品是春晚中最精彩、最令人期待的，因而也是最受欢迎的节目。每年都会有特别好看的小品，全国人民看完之后都会讨论它，甚至模仿其中的段落。好看的小品不只是因为好笑，还因为它可以告诉我们一些道理。有些道理是关于生活的，有些道理是关于人际关系的，这些都给了我深深的启发。

我觉得自己每看一次春晚，都能了解很多事情，学到很多知识。虽然现在互联网时代传播信息的渠道特别多，最近几年的春晚也引发了很多争议，甚至有一些人主张不要再办春晚了，但我觉得春晚还是很有意义的，它带给了大家很多特殊而快乐的记忆。我很希望这个节目能一直办下去，并且越办越好。

1. 2019 年中央广播电视总台春节联欢晚会现场

2. 从 1998 年到 2019 年，每年春晚都在中央电视台一号演播大厅录制

晨练

Joël Bellassen [France]
白乐桑 [法国]

晨练是我在中国的公园里经常见到的一种活动，但是具体怎么定义，使用哪个名称，对我们西方人来说比较困难，就像“地书”一样，我们没有这个概念。我见到的就是一种有中国特色的活动。这些活动当然简单说就是晨练。可能最近几年还有“晚练”，就是广场舞。其实不仅在公园能见到，在街头也随时能见到。但无论在哪儿，这些活动都大同小异，都是中国特有的。

我上世纪 70 年代去中国留学，发现了很多中国与西方日常生活文化差异比较大的地方，但最大的还是地书和晨练。为什么呢? 因为西方人没有这些概念。我觉得晨练包括了很多内容，比如武术、太极拳，还有合唱。但我觉得中国人合唱显然不仅仅是为了唱歌，一定还有中国文化的内涵在里面。此外，像太极拳之类，我也很好奇，初次碰到感觉有点儿像跳舞，但又不是跳舞；有点儿像运动，像体操，但又不是体操；有点儿像武术，但又不是我们平时所理解、接触的武术，尤其是日本式的武术。正是因为它难以分类，所以我很感兴趣，愿意深入了解。

另外，晨练也包括冬泳。冬泳其实也是一种养生，难怪“养生”这个词在西方人看来是很难翻译的。不仅难翻译，而且西方文化中好像也没有像中国这样地位很重要的养生活动。比如中国的饮食文化和法国的饮食文化都很发达，但中国的饮食文化好像还跟养生有关系，而法国的饮食文化中就没有养生这个概念。

1. 大年初一，一名市民依旧坚持在北京玉渊潭公园晨练
2. 两名太极剑爱好者正在公园晨练

Anna Kijaniza [Germany]

安娜［德国］

在北京时，我住在朝阳区一个人口众多的小区。周末我通常上街买早餐，并顺便在路上观察邻居的日常生活。从早上 6 点开始，我们小区的院子里就挤满了人。大多数都是退休的爷爷奶奶出来晨练，但稍晚一些，年轻的母亲和运动爱好者也会加入这个团体。

院子里的人通常根据不同的运动喜好自动分成几个不同的群体：穿着白色丝绸衣服的叔叔们练习太极；对面角落里的阿姨们带来一个大喇叭，兴高采烈地跳着广场舞；有些人在长椅上伸展四肢，或者使用安装在院子里的共享运动器材；有些人围成一个圈，一起踢毽子。小孩子们像他们的父母或祖父母一样，快乐地四处奔跑。每个人似乎都在忙着自己喜欢的事情。

我们小区的热闹气氛总是让我想起远在德国的退休父母。我希望他们也能像我的北京邻居一样，每天早上都充满活力和欢乐。

1

2

网游 / 手游

Kyaw Zin Htet [Myanmar]
陶德年［缅甸］

很多家长认为玩儿游戏只是浪费时间，我却认为玩儿游戏也能带给我们很多正能量。比如很多人喜欢的中国手游“王者荣耀”就给我带来了不少好处呢！

第一，学习汉字。游戏里的主要文字是汉字，只有一小部分是英语。从一进入游戏画面，选择英雄类型的时候就必须要认识“肉、法师、输出”等汉字。刚开始玩儿的时候，很多字我都是靠猜，但随着玩儿游戏的时间越来越长，我能看懂的汉字也越来越多。我和我周围的很多同学都通过这款手游学会了不少汉字。

第二，学习中国历史和文化。“王者荣耀”里的英雄大多是以中国的历史人物和神话人物为原型创作的，每当我在游戏里接触到一个新的“英雄”时，我都会上网搜索这个人物的信息，甚至去查找更详细的资料，以便进一步了解他们生活的时代背景、相关历史事件等。

第三，学习流行语。在游戏里，我有机会接触到各种各样的人。如果留心观察他们使用的一些流行语，也能从中一窥当下中国语言的发展趋势。

1

2

Misao Oh [Japan]
王昭［日本］

“王者荣耀”是中国一款很有名的智能手机游戏，地铁里、公交车上，经常能看到玩儿这个游戏的人。

因为我和爱人做什么都一起，所以我让他也教我玩儿这个游戏。虽然他是中国人，但他的表达能力并不是很好，听完他的解释，我还是不太明白游戏的玩法，他说没事，跟着一起玩儿就行。没办法，我自己查了用日文写的游戏介绍，才大概弄懂了基本的操作。

这个游戏里的角色大部分都和中国历史上的人物有关，比如《三国演义》里的曹操、刘备，上古神话中的女娲等。这可以帮助我了解中国的历史和文化。游戏的人物设计很漂亮，我只玩儿一个叫王昭君的冰雪公主角色，因为我的中文名字就取自王昭君。

这个游戏有很多玩儿法，特别是“人”和“人”、“人”和“AI”（人工智能）对局。人和人的对战，无论什么时间，早上还是深夜，总会有玩家在线，这让我感受到中国果然是世界人口第一大国，智能手机的使用人数也远高于日本。另外，“王者荣耀”是一个对团队协作要求很高的游戏，如果是“人”和“人”对战，那么哪个队配合得好，哪个队就能赢；但如果是“人”和“AI”对战，那么“人”很难配合得像AI队伍一样好，所以经常输。我感觉AI技术在中国发展得又快又好。

1. 网游越来越受到年轻人的喜爱
2. 2018 英雄联盟全球总决赛上，IG战队获得冠军
3. 一名游戏爱好者正在玩儿英雄联盟网游

高考

Michael Alvin Yuwono [Indonesia]
游俊成 [印度尼西亚]

中国每年都会举行全国性的大学入学考试，即高考，就像美国的 SAT 和英国的 A-level 一样。

中国的高考一般持续两天，考试时间是每年的 6 月 7 日、8 日。2019 年，中国高考报名人数达到 1031 万。考试主要科目包括语文、数学和外语（主要是英语），另外还有理科综合或文科综合。高考是考生进入大学的国家标准教育考试。近年来，美国、澳大利亚和加拿大等国的很多大学都有来自中国的学生，现在海外一些大学开始承认中国严格的标准化考试成绩。新罕布什尔大学是第一所承认申请者高考分数的美国大学。除了美国大学以外，世界上其他顶尖大学，如澳大利亚悉尼大学、加拿大多伦多大学和意大利佛罗伦萨美术学院等也都开始承认中国的高考成绩。

随着越来越多的学生参加每年的高考，进入顶尖大学的竞争也越来越激烈。高考给每个中国学生带来了巨大的学习压力，因为它会改变学生的命运，甚至决定一个人的未来。

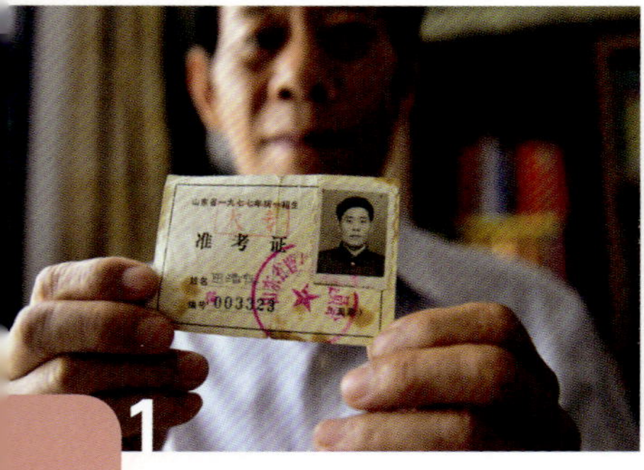

1

2

Lee Fame Han [Malaysia]
李方涵［马来西亚］

高考对于中国学生而言是人生的一个重大关口，是人生之路中一个重要的分岔口，而这个分岔口在某种意义上就代表他未来将进入什么样的大学，从事什么样的职业。绝大多数马来西亚留学生都是通过了类似于“高考”的“统考”，才有资格申请世界各大院校的，其中也包括中国的院校。

每年6月都是中国高考的时间，马来西亚同学也会从微博等社交媒体关注每年高考有什么亮点，这对于我们来说也是非常有趣的。此外，因为部分教学大纲较为接近，有些马来西亚学生在练习完统考试题后，也会选取一些中国高考题作为练习及拓展。高考之所以非常重要，是因为学生能够通过它改变命运，从而更好地发挥自身的价值，提高自己的社会地位。除此之外，学生通过高考能够实现自身的梦想，进入理想的大学，从事自己所热爱学科的学习和研究，为梦想而奋斗。马来西亚学生当然也是如此，希望通过统考改变自己的命运，实现自己的梦想。每年如此庞大的马来西亚学生群体来中国留学，都是为了接受更好的教育，看见不一样的风景。我们渴望凭借自己的努力，在未来将梦想变成现实。对所有中国学生而言，高考是一个艰难的过程，是从高中生变成大学生不可避免的考验，虽然非常辛苦且压力很大，但只要不断奋斗，每个人都有机会收获美丽的硕果。

1. 2017年，山东一位老人展示自己珍藏了40年的1977年的高考准考证
2. 高考前夕，一名学生午休时间趴在堆满复习资料的桌子上睡觉
3. 2014年，江苏南京一高考考点现场挤满了考生和家长

义务教育

Lee Fame Han [Malaysia]
李方涵 [马来西亚]

教育是每个国家的头等大事。中国实施九年义务教育，对城乡接受义务教育的学生免除学杂费，免费提供教科书，保证人人有学上。马来西亚的情况跟中国差不多，小学六年的义务教育是硬性的，公立小学都是免学费的。

我们都知道，过去中国的城乡经济差距很大，要想改变这一状况，首先要对教育进行改革。九年义务教育就是最好的改革举措，其中免除学杂费更是非常英明的决定，这样学生在九年义务教育阶段将不会出现因为家庭发生什么剧烈变化或遭受经济打击而放弃学业的情况。现在已经进入 21 世纪，人人受教育以及扫除文盲都成为各国最重要的教育目标。或许老一辈人中仍然有一部分是文盲，但是中国的新一代几乎都接受过义务教育。教育不仅能让人拥有知识，更重要的是提高了人们的素质。义务教育向孩子们传播了知识，校园生活更是培养了孩子们的社交能力。培养人格健全、德智体美全面发展的学生，应该就是中国当下义务教育所追求的目标吧。

1

2

Jennifer Zhang [Vietnam]

张氏越祯 [越南]

教育是国家之根本、国家之财富。作为留学生，我在中国学习期间已经见识到了中国教育的普及性，现在的教育已经不再是针对一部分人了。

不管是在繁华的城市还是偏远的农村，人人都可以接受教育，政府注重建设学校、培养人才，父母也希望子女上学，鼓励他们好好学习，这是中国教育的好现象。不仅如此，中国政府还对接受义务教育的学生免收学杂费，保障每一个学生接受义务教育的权利。同时，中国还实施了一系列重大工程项目，改善中西部农村地区中小学的办学条件，提高当地的教学质量。

我认为中国的义务教育具有公益性、统一性和义务性。简单地说，公益性是指由政府提供教育经费，保证人人都能接受教育；统一性是指全面普及，这涉及每一户家庭以及每一所提供义务教育的学校；义务性就是强制性，即让适龄学生接受教育是学校、家长和社会的义务。我觉得，“育智和育人相结合”是中国教育的一大特色。

1. 重庆市一名教师正在和学生一起做游戏
2. 河南省安阳市的小学生正在上课
3. 湖南省郴州市的中学生正在上体育课

孔子学院

Oleksandr Goncharenko [Ukraine]

功察连科 · 亚历山大 [乌克兰]

作为乌克兰基辅国立大学孔子学院的外方院长，我认为孔子学院和孔子课堂是当地民众了解中国语言和文化的一个重要窗口。乌克兰的汉语学习者乃至普通民众最想了解的是中国人的日常生活。我们孔院通过语言教育和文化活动展现了中国的礼仪、历史、文学、哲学、艺术等。

2018 年，基辅国立大学孔子学院共有学员 2480 人，举办大小活动 27 场，参加与观摩人数达到 9900 人。今年，我们还将促成乌克兰文化传媒及乌克兰华商会、浙商会等与大学及孔院在教学方面的合作。相信孔子学院将在合作中发挥越来越重要的桥梁作用。

Grace Wagithi Muchiri [Kenya]

雅言 [肯尼亚]

现在全世界有十几亿人在讲汉语，我也是其中的一员。在非洲肯尼亚内罗毕大学孔子学院就读后，我开始实现自己的中国梦。在孔子学院，我学习汉语、中国歌曲、中国舞蹈和中国文化。后来我顺利通过了汉语水平考试。我还参加了中国国家汉办举办的汉语桥比赛并获得了亚军。在孔子学院学习一年以后，我获得了一年的汉语全额奖学金，乘飞机来到了我梦想中的国家——中国。我觉得对于世界上任何地方想要学习汉语的人来说，孔子学院都是一个很好的起点。

Timothy Light [America]

黎天睦［美国］

在世界各地开办孔子学院是一个聪明的尝试，是体现中国软实力的最好计划，它为世界各地的汉语学习者提供了最正规、最科学的汉语教学渠道。它将中国人民和其他国家的人民联系在一起，能够让世界更好地了解中国和中国文化。

1. 2018 年，第十三届孔子学院大会在四川成都举行
2. 泰国孔敬大学孔子学院组织 5000 人同考 YCT（中小学生汉语考试）
3. 多哥共和国洛美大学孔子学院的学生正在学习制作中国结

职业教育

Beth Bowers [America]
贝丝·鲍尔斯［美国］

作为受过大学教育的美国人，我看到很多人对职业教育都不屑一顾，但现实情况是，各行各业所需要的熟练劳动力在所有国家都是最有价值的。

随着美国高等教育的成本变得越来越高，美国的高中逐渐认识到并非所有学生都具备获得学术学位所需的能力，因此接受职业教育就成了许多美国高中毕业生的理想选择。这不仅为他们未来的就业提供了保障，同时也为各行各业提供了必需的劳动力。

几十年来，中国十分明智地发展着职业教育体系。作为发展迅猛的新兴经济体，中国各个行业都拥有很多技术十分娴熟的劳动力。对一些人来说，要想获得更多学术研究的机会可能有些困难，而职业教育不仅可以保障就业，还可以为许多经济发展计划提供源源不断的有一技之长的劳动力。

制造业、能源开发、交通运输、航空、计算机技术等领域依赖于职业院校持续提供毕业生源。即使在义务教育阶段，中国也采取了有效的措施让学生接受职业教育。中国对职业教育培训证书的重视程度与大学学历学位一样，这也是中国很有远见的战略规划。

Lim Jia Yi [Singapore]
林家怡［新加坡］

2013 年，我从新加坡高中退学，远赴中国北京追求我的艺术梦。在北京实美职业学校中国舞专业的学习开启了我崭新的人生道路。2016 年毕业后，我和校友们各奔东西：我到中国舞蹈教育的最高学府北京舞蹈学院继续学习，有些同学到国内外其他高等院校继续深造，也有些人选择走进职场。但是，在实美职业学校短短三年的职业教育为我们每个人的发展打下了良好的基础。

中国拥有世界上规模最大的职业教育体系，我深深体会到了它的优势——不断地改良政策，有效地保障就业，并且能够让青少年尽早知道自己的兴趣和志向，从而在职业教育体制下有针对性地进行学习，最终走向理想的事业。职业教育不光教会新一代青年课堂知识，更是在实践领域引领他们，实现“知行合一”的全方面培养。

1. 2015 年，浙江省温岭市举行职业教育成果展，一名学生在展示新娘化妆技术
2. 一名学生正在技师的指导下学习数控技术
3. 学生们正在位于辽宁省沈阳市的华晨宝马汽车有限公司的职业教育实训场地学习

关键词索引

本书作者

Gregory Veeck（魏克恭），美国人，现为西密歇根大学地理系教授，主要研究中国、韩国和美国的经济地理、农业、农村发展以及农村环境和生态问题。曾在中国生活和工作过 7 年，并与中国多个科研单位和大学有着长期的科研联系，获得过多个组织的科研经费，撰写并发表研究论文 60 余篇，独立或与他人合作出版专著 9 本。

Helen Xiaoyan Wu（吴小燕），加拿大籍华人，社会语言学博士，现为多伦多大学副教授、汉语教研室主任。曾与人合编过汉语教材2部，著有《当代加拿大华裔作家作品欣赏》。2011 年和 2017 年两度被中国国务院侨办授予海外华文教师杰出贡献奖和终生成就奖。

Joël Bellassen（白乐桑），法国人，首任法国国民教育部汉语总督学，世界汉语教学学会副会长，法国巴黎东方语言文化学院教授，著名汉学家。主编《汉语语法使用说明》《汉字的表意王国》《说字解词》等专著 10 余部，发表学术论文 60 余篇。主编的《汉语语言文字启蒙》自 1989 年出版以来即成为法国最受欢迎的汉语教材。

Manuel Maria Martins Lopes（马努埃尔 • 洛佩斯），葡萄牙人，葡萄牙卢济亚达大学国际关系学院教授，出版过专著 5 本。2001—2003 年在北京大学学习汉语，并研究丝绸之路等相关课题。2007—2012 年在卢济亚达大学教授汉语。2017 年 6 月 23 日获得海外汉学中心学术顾问证书。

Oleksandr Goncharenko（功察连科 • 亚历山大），乌克兰人，乌克兰基辅国立大学语文学院教授、孔子学院外方院长、中国文化讲师、翻译家，共出版过专著 3 本。1996—1997 年在北京语言大学学习汉语。2018 年在暨南大学参加“青年汉学家研修计划”。

Timothy Light（黎天睦），美国著名语言学家和汉语教学专家、康奈尔大学汉语语言学博士、西密歇根大学教授、北京语言大学名誉教授。20 世纪 80 年代曾多次到中国访问和讲学，在北京语言学院（现北京语言大学）讲学的讲稿《现代外语教学法：理论与实践》（北京语言学院出版社，1987）是中国出版的第一部关于汉语作为第二语言教学的学术专著，在中国对外汉语教学界产生了巨大影响，对推动中国对外汉语教学的学科建设发挥了重要作用。

Abdullah Salam（萨拉姆），沙特阿拉伯人，曾在艾哈迈德·穆罕默德·贝西蒂基金会担任公关和市场总监，爱好赛车和摄影。

Alfred C. Tam（谭思敬），美国人，现在芝加哥一家律师事务所担任律师。大学期间辅修中文专业。

Beth Bowers（贝丝·鲍尔斯），美国人，自由职业者、艺术家。喜欢中国文化，经常关注中国新闻。

David Dorsett（多塞特），美国人，因 20 年前从中国江门领养女儿而与中国结缘，是一名中国文化爱好者。长期饮用中国茶，通过针灸的方式养生，并自学中文。其女儿大学专修中国语言文化专业。

Demchenko Kseniia（西娜），俄罗斯人，2012 年毕业于广东外语外贸大学汉语国际教育专业，并获得硕士学位。现为莫斯科斯科尔科沃创新中心中文老师。除汉语教学外，也开展俄中文化教育项目。

Evan Bowers（埃文·鲍尔斯），美国人，歌剧男高音，长期在欧洲演出，有一定知名度。爱好中国文化，经常关注中国新闻。

Gulzat Dzhumalieva（古丽），吉尔吉斯斯坦人，1991 年开始学习汉语，1995 年首次来到中国，在北京外国语大学进修一年汉语，并去过上海、广州等多个中国城市。曾在新疆阿图什市当过一年翻译，现在在吉尔吉斯斯坦国立法学院教授汉语。

Hamza Al-Fathle（韩达），约旦人，2015 年毕业于北京语言大学汉语学院，现在在北京工作。欣赏中国的发展，喜欢中国历史和文化，爱好运动和书法。

Hassan Jaber（贾贝尔），阿联酋人，2012 年在中国人民大学获得 MBA 学位，现在迪拜一家公司工作。

Ines Barkana（伊奈斯），突尼斯人，毕业于哈尔滨工业大学媒体技术与艺术系并获得硕士学位。现为中国国际电视台（CGTN）记者，参与翻译和审校图书 10 余本。

Kokolevskii Vladislav（伏拉夫），俄罗斯人，17 岁即来到中国，现已在中国定居。做过物流贸易，开过包子铺，现在做进口葡萄酒生意。抖音红人，拥有 230 万粉丝。

Li Vien（李俐雯），马来西亚人，2013 年来到中国，毕业于北京语言大学高级翻译学院英语口译专业并获得硕士学位。现就职于教育行业，业余担任口笔译员。热爱音乐、电影和吹口哨。

Mansour Rafe（曼苏尔），也门人，曾在武汉大学攻读工商管理专业，目前在贸易公司工作，很喜欢中国。

Masayuki Inoue（井上正顺），日本人，分别于 2011—2015 年、2017—2019 年在北京语言大学攻读汉语国际教育专业，并获得学士和硕士学位。曾任北语日本留学生会主席和北语东京分校招生部教师，获得过日中友好协会与中国国际交流协会共同举办的首届中日友好征文大赛第一名以及中国政府奖学金。现任北京某教育咨询公司国际部总监。

Matsuda Kazuki（松田一辉），日本人，2013 年在南开大学留学。毕业后在上海创办与上海生活相关的日语杂志，并开设微博账号“下班后背包客”。

Nguyen Quang Vu（阮光武），越南人，2006—2014 年在中国留学，现为越南一家中国金融科技公司副总经理。工作之余，担任一个拥有 5 万用户的中文学习论坛的管理员。

Park Hyangsook（朴香淑），韩国人，2014 年来到北京，先后就读于中国民航管理干部学院和北京青年政治学院，曾经在韩国做过历史老师。喜欢旅游，也喜欢跟中国人交流。

Ramziya Fazdalova（费兰花），俄罗斯人，2010 年来到中国桂林，到过 40 多个中国城市。现为“孔子新汉学计划”博士生，就读于北京外国语大学全球史研究院，同时担任《中国妇女》（英文版）记者，曾自创网络短期教学节目《真正的中国》。

Sarita Sukoltham（林恩琦），泰国人，2005 年第一次来北京进修，后又多次到北京深造。担任过北京大学对外汉语学院暑期班汉语教师、美国国际交流协会 CIEE 汉语辅导员、孔子学院总部汉语教师志愿者储备培训项目泰语教师。曾任教于泰国高校，教授汉语和泰语。现为北京大学中国语言文学系博士研究生、语言桥签约译员。

Veronica（施爱红），印度尼西亚人，2015—2017 年在北京语言大学攻读汉语国际教育专业并获得硕士学位，毕业后在印度尼西亚从事翻译及汉语教学工作。

Yenty（阮馨惠），印度尼西亚人，2006—2012 年在北京语言大学攻读汉语言专业并获得学士学位，以及汉语国际教育专业并获得硕士学位。毕业后至 2018 年在印尼雅加达慈育大学担任汉语教师，任教期间两次荣获优秀教师奖。

Yeo Sera（吕瑞拉），澳大利亚人，2011 年来到中国，在北京语言大学学习中文和经济贸易。现在杭州从事国际贸易工作，同时也是抖音红人，有两个账号（“瑞拉忘年恋”和“年轻姐瑞拉”），拥有 120 万粉丝。

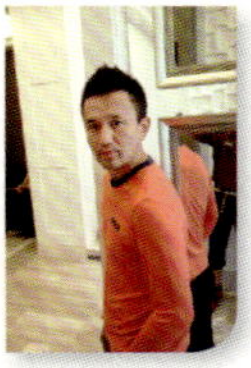

Youngho Yoo（刘永虎），韩国人，2009 年从法国来到中国，现为一名国际发型设计师。热爱中国文化，很享受目前在中国的生活。

Yuthakrit Arngmaneekul（温仕德），泰国人，北京中医药大学针灸推拿学学士、中医妇科学硕士，现为中国执业中医医师。

Abdullah Nhar（哈尔），叙利亚人，现在中国政法大学学习法律。

Afzal Ahmed Dar（陆辰），巴基斯坦人，2016 年来到中国，现为南京大学环境科学专业博士研究生，志愿者经历和社会工作经验丰富。

Anna Adamyan（安娜），亚美尼亚人，2015 年来到中国，现为南京大学哲学系硕士研究生。对汉字感兴趣，从小爱看书，喜欢写作。

Anna Kijaniza（安娜），德国人，已在中国生活两年半。曾在深圳、北京学习汉语，现为华东师范大学文化人类学专业硕士研究生。热爱旅游，通晓多国语言，喜欢中国茶。

Aurora Sánchez Valencia（奥罗拉），墨西哥人，2017 年来到中国，曾在浙江大学学习，现就读于北京语言大学。

Aw Yong Nga Lean（欧阳靓凌），马来西亚人，2008—2012 年在北京留学，2017 年再次来北京。现为北京语言大学语言学及应用语言学专业博士研究生。

Aya（阿雅），美国人，现就读于北京语言大学翻译专业，热爱中国历史和文化。

Berdiyeva Lale（花语嫣），土库曼斯坦人，2016年来到中国，现为天津理工大学汉语言文化学院本科生。喜欢中国作家莫言，热爱中国生活。

Betül Akçakaya（柏图尔），土耳其人，就读于土耳其伊兹密尔经济大学英语翻译专业，爱好摄影、艺术，喜欢编辑视频，对丰富多彩的中国文化和中文非常感兴趣。

Chan Ivy Ya-Yuan（陈雅媛），比利时人，现为北京中医药大学国际学院针灸班本科生。

Cholthicha Singda（林杏玉），泰国人，2018年来到中国，现在成都中医药大学学习。

Danny A. Espinoza（阿贝托），厄瓜多尔人，2016年来到中国，现为天津理工大学计算机科学与工程学院硕士研究生。

Diane Ang（洪睦佑），菲律宾人，曾从事多种行业，现就读于北京语言大学。

Finn Bader（费林），德国人，2018 年从德国高中毕业后，计划在中国学习经济学，对中国的货币政策较感兴趣。

Gan Yu Sheng（颜毅晟），马来西亚人，自 2010 年起就读于清华大学，现为清华大学人文学院博士研究生。

Grace Wagithi Muchiri（雅言），肯尼亚人，2016 年来到中国，现为天津理工大学工商管理学院硕士研究生。

Guanghui Zhuo（卓光辉），泰国人，2011 年毕业于伯克利大学建筑学专业，2018 年来到中国，现在北京语言大学学习汉语。当过建筑师，开过餐厅，做过中泰进出口贸易。

Gulshan Sadullaeva（爱华），乌兹别克斯坦人，2015 年来到中国，现为北京语言大学汉语学院本科生。

Jamel Muhammad Alsukary（吉米），埃及人，现为北京师范大学博士研究生，爱好打球和书法，喜欢中国和中国文化。

Jennifer Zhang（张氏越祯），越南人，2017 年 9 月到 2019 年 7 月在上海师范大学攻读硕士学位，2019 年 8 月起在北京师范大学攻读比较教育学博士学位。

Jongjin Nilkumhaeng（陈宗真），泰国人，2016年来到中国，现为北京大学对外汉语教育学院博士研究生。

Jorge Canalejas（刘大树），西班牙人，2015年来到中国，现就读于北京语言大学汉语学院。希望能在中国生活一辈子，最大的愿望是长成一棵深深扎根在中国大地的参天大树。

Julienne（海清），阿鲁巴人，曾在中国生活过一年，就读于北京语言大学。

Keaghan Strang（李云起），加拿大人，2017年来到中国，现就读于北京语言大学。喜欢旅游，去过中国近20个城市，还去过不少名山大川，喜欢中国的茶道和工艺品。

Khaled Fadli（法德利），黎巴嫩人，现为北京大学应用管理专业博士研究生。爱好书法和阅读，对中国文化和管理制度印象深刻。

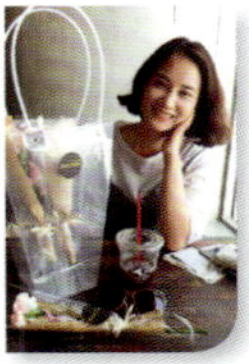

Kim Kyungsim（金京心），韩国人，2010年来到中国，现在北京青年政治学院学习。爱吃中国菜，爱喝中国茶。

Kyaw Zin Htet（陶德年），缅甸人，2011 年来到中国广州，2014 年到北京语言大学学习，2017 年获得“优秀毕业生”称号，现为北京语言大学汉语国际教育专业硕士研究生。热爱足球，曾代表缅甸参加 2018 年北京东盟留学生运动会并夺得季军。

Lee Fame Han（李方涵），马来西亚人，2018 年来到中国，现为南京大学文学院汉语言文学系本科生。

Lim Jia Yi（林家怡），新加坡人，2013 年起在北京市实美职业学校学习中国舞表演，2016 年起在北京舞蹈学院攻读中国民族民间舞蹈表演专业学士学位。喜欢到民间采风，体验民俗文化，和当地人共舞。曾多次参加舞蹈演出，并在一些国际交流活动中担任主持。

Merna Ghassan Abdel Rahman（米娜），约旦人，现在中国人民大学学习法律，梦想是在中国当一名律师。

Michael Alvin Yuwono（游俊成），印度尼西亚人，曾在英国考文垂大学攻读 MBA 学位，2018 年来到北京语言大学学习汉语。

Misao Oh（王昭），日本人，2018 年来到中国，现就读于北京语言大学汉语言文学专业。

Mohamed Kalik（卡利克），斯里兰卡人，2015 年来到中国，在南京师范大学中文系学习并获得学士学位，现为国际贸易专业研究生。爱好读书。

Mohammed Ahmed（艾哈迈德），阿尔及利亚人，现在喀麦隆比亚卡大学布亚研究所攻读 MBA 学位。爱好旅行、游泳和摄影。

Neamtu Anamaria（安娜玛利亚），罗马尼亚人，曾在北京语言大学学习汉语和中国文化，现已回国，正计划回中国继续学习汉语。

Nechyparuk Darya（达莎），白俄罗斯人，白俄罗斯国立大学语文系汉语教师，现为“孔子新汉学计划”博士生。

Noh Kyunghee（鲁敬熙），韩国人，现在在北京青年政治学院学习。

Noman Ahmed（努曼），巴基斯坦人，巴基斯坦拉哈尔工程技术大学毕业，2017 年 11 月来到中国，现在北京语言大学汉语进修学院就读。

Olusola Bamisile（巴米斯莱），尼日利亚人，塞浦路斯国际大学能源工程专业博士研究生，电子科技大学（成都）机电工程专业在读博士研究生，在著名学术期刊上发表过多篇关于可再生能源的文章。

Pedro Sacadura Nuno（裴嘉骏），葡萄牙人，2009 年来到中国，现为北京语言大学博士研究生，研究方向为语言规划与语言政策。曾多次参加汉语比赛，荣获“汉语之星”称号、“汉语桥”全球外国人汉语大会二等奖等。

Phu Pwint Ko Ko（张梅芳），缅甸人，曼德勒外国语大学中文系汉语教师，曾任缅甸国防大学汉语系讲师。2018 年在北京语言大学获得汉语高级课程进修证书，现为北京语言大学博士生。曾在北京舞蹈学院举行的“一带一路”舞蹈文化交流活动中担任翻译。

Phumrapee Pandam（李杰），泰国人，2016 年在北京语言大学攻读汉语国际教育专业学士和硕士学位。爱好汉语、中国书法、中国文化（特别是古诗）等。多次参加泰国基础教育委员会国家级汉语技能大赛及其他汉语比赛，并获得多个奖项。

Rachid Hamza（罗习德），突尼斯人，2018 年来到中国，在北京语言大学学习汉语，并计划于 2020 年继续攻读本科学位。12 岁起开始用筷子吃饭，十分喜欢中国文化。

Rizal Chandra（张德贵），印度尼西亚人，2015 年起在北京语言大学攻读汉语国际教育专业学士和硕士学位。喜欢背包旅游，足迹踏遍中国 24 个省的 44 座城市。多次在“汉语桥”以及其他各项汉语比赛中获奖。

Rosalia Wihal（黄莉香），印度尼西亚人，2017 年来到中国福建，现为南京大学工程管理学院硕士研究生，兼任在华印尼学生协会自我发展团体秘书。

Sandra C. Obiora（思言），尼日利亚人，2013 年来到中国成都，现为电子科技大学管理与经济学院博士生，曾在纽约公共图书馆出版过诗集，同时是 TEDx 主讲人、www.apoetsbrain.com 网站创办者。

Sasing Nakorn（王光华），泰国人，2018 年毕业于中国传媒大学汉语言文学专业。

Sayidzoda Farzod（法佐德），塔吉克斯坦人。2015 年首次来中国，在对外经贸大学学习汉语，2016 年至今在外经贸金融学院就读本科，同时是北京塔吉克斯坦学生会创始人之一。

Sim Wui Lee（沈薇利），马来西亚人，2008 年来到中国，在清华大学攻读学士和硕士学位，现为北京语言大学博士研究生。

Sohail Raza（苏海尔），巴基斯坦人，2017 年来到中国，现在南京大学攻读博士学位。

Stan Cristina Teodora（欧朵拉），罗马尼亚人，现在南京大学做交换生，学习汉语。热爱中国文化和艺术。

Su Myat Wai Zin（苏春柳），缅甸人，曾在仰光外国语大学中文系任助理讲师，担任过联合国教科文组织缅甸民族委员会信息干事。2017 年来到中国，现为北京语言大学硕士研究生。

Tan Li Yu（陈立瑜），马来西亚人，2011 年来到中国，就读于清华大学历史系，现为北京大学社会学系博士研究生。

Yong Jing Ying（杨靖莹），马来西亚人，2018 年来到中国，现就读于南京大学新闻传播学院，爱好摄影。

Zhanar Toktarbay（嘉娜尔），哈萨克斯坦人，原为哈萨克斯坦管理经济战略研究院（KIMEP 大学）中文讲师，2017 年获得“孔子新汉学计划”博士奖学金，现为北京语言大学语言科学院博士研究生。